SUR LES DÉLAIS

DE LA

JUSTICE DIVINE.

LYON, IMPRIMERIE DE RUSAND.

SUR LES DÉLAIS

DE LA

JUSTICE DIVINE

DANS LA PUNITION DES COUPABLES,

OUVRAGE DE PLUTARQUE,

NOUVELLEMENT TRADUIT,

AVEC DES ADDITIONS ET DES NOTES;

PAR M. LE COMTE DE MAISTRE,

Ministre plénipotentiaire de S. M. le Roi de Sardaigne, près S. M. l'Empereur
de Russie; auteur des Considérations sur la France et de l'Essai sur le Principe
générateur des Constitutions politiques et autres institutions humaines;

SUIVI

DE LA TRADUCTION DU MÊME TRAITÉ,

PAR AMYOT;

SOUS CE TITRE : *Pourquoi la Justice divine diffère
la Punition des Maléfices ?*

. . . . *Ingens illi exstitit ardor*
Se primum , auctoremque suï et primordia rerum
Quærere contemplando. . . . .
. . . . *Nugæ sunt cætera vulgi.*
Anti-Lucr. III Pr.

A LYON,

CHEZ M. P. RUSAND, IMPRIMEUR-LIBRAIRE.

1833.

PRÉFACE.

—

J'avais conçu d'abord le projet de faire sur le Traité de Plutarque, *des Délais de la Justice divine*, un travail à peu près semblable à celui que le célèbre Mendelson a exécuté sur le Phédon de Platon ; c'est-à-dire de me servir seulement de l'ouvrage ancien comme d'un cadre où les idées de Plutarque viendraient se placer d'une manière très-subordonnée et fondues pour ainsi dire avec celles qu'une métaphysique plus savante nous a fournies depuis sur le sujet intéressant de ce Traité.

Mais en le relisant attentivement je ne tardai pas à m'apercevoir que je n'avais pas le droit de prendre à l'égard de Plutarque la même liberté que le philosophe juif a prise avec Platon, dont l'Ouvrage un peu faible avait besoin d'être refondu entièrement. Dans les endroits mêmes du Phédon, où le disciple de Socrate prête des raisonnemens solides à son maître, il ne produira guère d'effet sur la masse des Lecteurs, à moins que sa pensée ne soit développée et mise en rapport avec les idées modernes : Plutarque, au contraire, a traité son sujet avec une rigueur et une sagesse remarquables. Ses idées n'ont pas la plus légère couleur de secte ou de localité : elles appartiennent à tous les temps et à tous les hommes.

Jamais il ne se livre à son imagination. Jamais il n'est poète ; ou, s'il invente, ce n'est pas seulement pour embellir, c'est pour fortifier la vérité. Enfin je ne vois pas trop ce qu'on pourrait opposer à cet Ouvrage, parmi ceux des anciens philosophes. On trouvera sans doute çà et là, et dans Platon surtout, des traits admirables, de superbes éclairs de vérité ; mais nulle part, je crois, rien d'aussi suivi, d'aussi sagement raisonné, d'aussi fini dans l'ensemble.

Plutarque ayant vécu dans le second siècle *de la lumière*, il est assez naturel de croire qu'il en a été notablement éclairé, et c'est en effet une opinion assez générale parmi les gens instruits. Je suis fâché et même affligé qu'elle ait été contredite par M. Wyttembach, qui s'est rendu si recommandable par son excellente édition des

Œuvres morales de Plutarque (*), et qui m'a été si
utile par celle qu'il a publiée en particulier de ce
beau Traité *des Délais de la Justice divine* (**).

Théodoret, dit-il dans sa Préface générale, *a
mis ce philosophe* (Plutarque) *au nombre de ceux
qui avaient entendu la prédication de l'Evangile,
et qui en avaient transporté plusieurs choses dans
leurs livres ; c'est un* lieu commun *dont les Pères
ont fait grand bruit, mais qui, à l'égard de Plutarque du moins, est* CERTAINEMENT *faux* (***).

Avec la permission de ce très-habile homme,
il me semble qu'il y a beaucoup de hardiesse
à s'exprimer sur ce point d'une manière si tran-
chante : en effet il ne peut y avoir qu'un moyen
de prouver une proposition négative, c'est de
prouver que l'affirmative contraire est impossible. Or non-seulement il est *impossible* de dé-

---

(*) Oxon. 1795 , in-4.° et in-8.° On peut se flatter , je crois, qu'au
moment où j'écris les Vies ont été publiées.

(**) Lugd. Batav. 1772 , in-8.°

(***) *Plutarchum in iis memorat* (Theodoretus) *qui sacrum
Evangelium audivissent, ex eoque multa in libros suos transtu-
lissent ;* locus communis à *Patribus jactatus, in Plutarcho* CERTÈ
falsus (Wyttem. Præf. in Opp. Mor. Plut. cit. edit. tom. I. in-8.°
cap. III , p. LV.)

montrer *impossible* la proposition affirmative que
*Plutarque a eu une certaine connaissance des
vérités du Christianisme* ; mais toutes les probabilités se réunissent en faveur de cette supposition. Personne au fond ne le sent mieux que les
hommes pleins de talens à qui ces probabilités
déplaisent ; de manière que pour les écarter,
du moins en apparence, ils ont recours à une
manœuvre habile qui mérite d'être remarquée.
Ils posent eux-mêmes la question au nom de
leurs adversaires, d'une façon vague ou qui prête
même directement à l'objection. Ils triomphent
alors, et l'innombrable nation des inattentifs a
la bonté de croire qu'ils ont réfuté les autres,
tandis que réellement ils n'ont refuté qu'eux-
mêmes. C'est une tactique fort à la mode,
mais dont une critique clairvoyante n'est pas la
dupe.

Il ne s'agit pas précisément de savoir si *Plutarque avait entendu la prédication de l'Evangile* ;
car je ne prétends point soutenir, par exemple,
que le philosophe de Chéronée allait au sermon,
qu'il fréquentait les déserts et les retraites cachées
où l'on célébrait alors les divins Mystères ; qu'il
lisait S. Matthieu, S. Marc, S. Luc et S. Jean,

comme nous les lisons aujourd'hui, et qu'il en a transporté des passages entiers dans ses écrits (*).

On demande plus généralement « si la prédi-« cation de la *bonne nouvelle*, éclairant alors le « second siècle de notre ère, et s'étant déjà créé « des prosélytes dans toutes les parties du monde « connu, il pouvait se faire qu'un homme aussi « savant et aussi curieux que Plutarque, et qui « avait déjà une connaissance parfaite du judaïsme « hellénique (**), fût demeuré totalement étran-« ger à cette prédication, qui retentissait du « Tybre à l'Euphrate ; qui foudroyait en grec « toutes les opinions, toutes les prétentions, « toutes les passions des Grecs. On demande s'il « est permis au bon sens de supposer que Plu-« tarque, ayant fait un voyage en Egypte, uni-« quement pour s'instruire, en fût revenu sans « avoir seulement abordé cette fameuse école

----

(*) Je ne vois pas cependant pourquoi les livres des chrétiens n'auraient pas été recherchés et lus par ce philosophe, comme ceux de *Bohme*, de *Saint-Martin*, de *Dutoit*, d'*Eckartshausen*, etc., etc., le sont de nos jours par ceux mêmes qui s'en moquent. Mais, encore une fois, ce n'est pas là *précisément* l'état de la question.

(**) Voyez son Traité de la Superstition.

« d'Alexandrie, alors sur le point d'enfanter Ori-
« gène ; si l'on peut concevoir qu'un tel homme,
« préparé et comme averti par Josephe, par
« Philon, et très-probablement par la Bible, ne
« se fût donné aucun mouvement pour connaître
« la nouvelle doctrine, lui qui avait pris la
« peine de s'informer des moindres cérémonies
« judaïques ; si, dans le cas où il en aurait eu
« une connaissance quelconque, on peut regar-
« der comme possible qu'elle n'eût laissé aucune
« trace dans les écrits de ce grand moraliste ; si
« cette doctrine enfin n'a pas droit de reven-
« diquer, comme une propriété légitime, tous
« les endroits des écrits de ce philosophe qui
« présentent une analogie plus ou moins sensible
« avec l'enseignement évangélique, et tous ceux
« même où, sur des matières que la raison hu-
« maine n'avait abordées jusqu'alors que pour
« faire preuve d'une étonnante faiblesse, Plu-
« tarque se montre tout à coup supérieur aux phi-
« losophes qui avaient écrit avant la publication
« de cette doctrine. »

La question ainsi posée (et c'est ainsi qu'elle
doit l'être) change un peu de face. L'homme sage
qui l'examinera sous ce point de vue, ne trouvera

pas tout-à-fait *certain* que Plutarque ne doive *certainement* rien à la prédication évangélique ; et il se sentira très-disposé à pardonner un *lieu-commun* à ces malheureux Pères de l'Eglise, qui ont très-peu le bonheur de plaire au docte éditeur (*).

Quoiqu'il en soit de cette question qui ne doit point être approfondie ici, il est certain que

---

(*) Il a dit en parlant d'Eusèbe : « C'est le seul auteur appartenant « à l'Eglise, qui ait bien mérité de la bonne littérature dans son « livre de la *Préparation évangélique*, à cause de la sagesse qu'il a « eue de nous donner dans ce livre les pensées des autres et non les « siennes : *Eusebius in Præp. evang. unus omnium Ecclesiasticorum* « *de bonis litteris meruit, quòd aliena quàm sua pondere maluit.* » (Præf. p. LVI.). L'arrêt est dur et général, mais sans appel. Le seul écrivain ecclésiastique qui ait quelque droit à notre estime est l'arien Eusèbe, et même encore dans un seul livre ; et pourquoi ? *Parce qu'il a eu la sagesse, dans ce livre, de copier des auteurs pro- fanes, au lieu de s'aviser de parler en son nom,* comme Chrysostome, Basile, Augustin, etc., etc., et tout cela à propos de Plutarque et de ses OEuvres morales. Le marquis de Mirabeau, vers le milieu du siècle dernier, disait, dans l'*Ami des Hommes,* en parlant de la France : *Il n'est aujourd'hui bouquet à Iris ou dissertation sur des eaux chaudes, où l'auteur ne veuille insérer sa petite profession de foi d'esprit fort.* Aujourd'hui cette fièvre a passé en d'autres contrées avec une sorte de redoublement. Un savant, en commentant Anacréon ou Catulle, trouvera l'occasion *naturelle* d'attaquer Moïse. A cela point de remède dans notre faible logique humaine : il faut attendre et désirer d'autres temps et d'autres moyens.

le Traité de Plutarque, *des délais de la Justice divine*, est une des plus excellentes productions de l'antiquité. Animé par l'espoir d'être utile, j'ai entrepris de le faire connaître davantage ; et pour y parvenir j'ai pris quelques libertés dont j'espère que Plutarque n'aura point à se plaindre. J'ai fait disparaître la forme du Dialogue qui marque peu dans ce Traité et qui me gênait en pure perte ; car je ne vois pas que cette forme, quelquefois très-avantageuse, produise ici aucune espèce de beauté ou de mérite réel. Si d'ailleurs le préambule de l'Ouvrage n'a pas disparu comme tout le monde le croyait, jusqu'à M. Wyttembach qui a jeté sur ce point quelques doutes fondés, Plutarque au moins commence d'une manière *abrupte* qui ne saurait avoir de grâce pour nous, supposé qu'elle en ait eu pour ses contemporains. J'ai donc tâché de donner un portail à ce bel édifice et d'entrer en matière d'une manière naturelle, en me tenant toujours aussi près de l'auteur qu'il m'a été possible. Lorsque dans le courant de l'Ouvrage sa pensée m'a paru incomplète, j'ai cru pouvoir la terminer, et quelquefois aussi la fortifier par de nouveaux aperçus que je dois à mes propres réflexions ou à la lecture de Platon, auteur que *j'aime et pratique volontiers*, comme disait Montaigne en parlant d'un tout autre écrivain (*). S'il m'arrive de rencontrer sur ma route de ces pensées qui ne sont pour ainsi dire *qu'en puissance*, je les développe soigneusement. Ce sont des boutons que je fais éclore ; je n'ajoute aucune feuille, mais je les montre toutes. J'honore beaucoup les traducteurs qui m'ont précédé. Amyot surtout a bien mérité de la langue française, *et son vieux style encore a des grâces nouvelles*. Cependant il faut convenir que sa *jeunesse surannée* n'est guères aimée que des gens de lettres extrêmement familiarisés avec son langage. Hors de ce cercle il est plus estimé que lu. Son orthographe égare l'œil ; l'oreille ne supporte pas ses vers ; les dames surtout et les étrangers le goûtent peu. A mesure d'ailleurs qu'on s'élève dans l'antiquité, on trouve plus d'énigmes dans les langues. Le grec, sans remonter plus haut, prouve seul la vérité de cette observation. Cette langue est pleine d'ellipses et d'idiotismes singuliers qui ne se laissent pas aisément saisir. Dans

---

(*) Sénèque.

les matières philosophiques, la phrase admet souvent je ne sais quel vague qui ne cède qu'à l'étude obstinée et à la comparaison de différens passages qui s'expliquent les uns par les autres : d'ailleurs chaque peuple a sa langue philosophique, qu'il n'est pas du tout aisé de traduire dans une autre. Celui qui a lu Aristote et Platon, en latin, dans une version littérale de la meilleure main, n'a pas lu réellement ces philosophes (*). La traduction lui présente souvent les mêmes difficultés que le texte. Celui même qui a bien saisi le sens dans l'original cherche encore long-temps dans sa langue des expressions et des tournures qui rendent bien à son gré ce qu'il a compris, et lorsqu'il les a trouvées c'est une découverte pour lui-même. Il m'a donc paru qu'il était possible à un effort d'attention et d'étude, de faire mieux comprendre, c'est-à-dire mieux goûter Plutarque :

(*) *Nemo fidem habeat Ticino et Serrano Platonis interpretibus, nemo Bessarioni, Pacio et aliis qui Aristotelem latinâ veste induerunt, credat. Errârunt hi egregii viri, magnisque hominibus illis aut sententias attribuerunt à quibus alieni fuére; aut verbis nimis obsequentes scitâ eorum caligine nescio quâ obduxerunt et deformârunt* (Laur. Moshemius, in Præf. ad Rad. Cudworthi systema intellectuale universum; Jenæ 1733, 2 vol. in-fol.°, tom. I, p. 4, 5.).

mais comme il était essentiel de ne point m'expo-
ser à lui faire tort en mêlant mes pensées aux
siennes, voici la méthode que je me suis pres-
crite. D'abord j'ai suivi exactement l'ordre des
chapitres tels qu'on les trouve dans la traduction
d'Amyot ; en sorte que la comparaison ne pré-
sentera jamais aucune difficulté. Pour éviter même
au Lecteur qui veut savoir ce qui appartient à
chacun la peine d'une vérification continuelle,
j'ai eu soin d'enfermer entre deux astérisques
tout ce qui n'est point de Plutarque ; et lorsque
j'ai trouvé l'occasion (que j'ai toujours cherchée)
d'insérer dans ces morceaux étrangers quelques
phrases de l'auteur principal, je les ai écrites
en lettres italiques : ainsi tout lecteur est mis
à même de se reconnaître à chaque ligne, et il
peut être sûr d'ailleurs que je n'ai pas été moins
soigneux de ne lui dérober rien de ce qui appartient à l'auteur principal. Excepté deux ou trois
chapitres extrêmement courts, nullement essentiels et dont la substance même a été conservée,
et quelques passages encore absolument étrangers
à nos idées, je ne me suis pas permis de supprimer une ligne de Plutarque. Enfin j'ai accom-
pagné mon Ouvrage de quelques notes que j'ai

crues utiles sous différens rapports et que j'ai re-
jetées en grande partie à la fin de l'Ouvrage,
pour ne point trop embarrasser les pages. L'œuvre originale aura-t-elle gagné quelque chose à la
forme et aux additions qu'elle tient de moi ? Je
l'espère, ou plutôt je le désire, car je ne suis sûr
que de mes intentions ; et, dans ce genre surtout,
les meilleures sont très-souvent trompées par le
jugément du public, dont je ne crois pas au reste
qu'il soit permis d'appeler.

SUR LES DÉLAIS

DE LA

JUSTICE DIVINE.

—————

I. * C'EST une manière assez commune à la secte d'Epicure d'éviter les combats réguliers avec les défenseurs de la Providence. Toujours prêts à faire une objection, les philosophes de cette école n'aiment pas trop attendre la réponse : ils combattent en fuyant, comme les Parthes. Ils manquent d'ailleurs de ce calme et de cette gravité qui sont l'apanage et le signe de la vérité. Il y a dans leurs discours quelque chose d'aigre et de colérique qui ne les abandonne jamais. En raisonnant, et même au lieu de raisonner, ils insultent ; et toujours ils ont l'air d'accuser la Providence plus que de la nier. *Souvent on serait tenté, en leur répondant, d'imiter Brasidas qui, ayant été blessé d'une javeline au travers du corps, l'arracha de la plaie et en porta lui-même un coup si violent à celui qui l'avait lancée, qu'il l'étendit mort sur la place :* mais ces sortes de représailles ne nous conviennent point. *Lorsque l'impiété a décoché sur nous quelque discours empoisonné (Voyez la note I.), il doit nous suffire de l'ôter*

I

sans délai de notre cœur, afin qu'il n'y prenne pas racine. Du reste nous n'avons nul intérêt d'attaquer pour nous défendre ; car dans le vrai cette philosophie, purement négative, ne fait que du bruit : elle assemble des objections de tout côté et les présente confusément, sans pouvoir jamais établir un corps de doctrine, ni même une suite de raisonnemens proprement dits ; car l'ordre, l'ensemble et surtout l'affirmation ne sauraient appartenir qu'à la vérité : l'erreur au contraire nie toujours : c'est le trait le plus saillant de son caractère. Dès qu'elle cesse de nier, elle plaisante ou elle insulte. Pour elle la Providence est un ennemi qu'elle hait, et dont elle voudrait se débarrasser. Voyons cependant ce qu'il peut y avoir de spécieux dans ces objections, pour effacer, comme je le disais tout à l'heure, jusqu'aux moindres impressions qu'elles pourraient laisser dans nos cœurs. *

II. Les retards que la Justice divine apporte à la punition des méchans, paraissent à plusieurs personnes une des plus fortes objections qu'on puisse élever contre la Providence. Elles ne pardonnent point aux écrivains qui ont fait de cette lenteur une espèce d'attribut de la Divinité. « Il n'y a rien, « disent-elles, de si indécent que de nous représen- « ter Dieu comme un être paresseux en quoi que ce « puisse être, mais surtout dans la punition des mé- « chans ; car ceux-ci ne sont nullement paresseux « lorsqu'il s'agit de nuire ; la passion qui les domine « les portant au contraire à des déterminations sou- « daines. Or, comme l'a très-bien observé Thucy-

« dide (1), la punition qui suit de près le crime est
« ce qu'il y a de plus efficace pour arrêter ceux
« qui se laissent aller trop facilement à mal faire.
« Le châtiment des crimes est une dette de la
« justice envers l'offensé ; et de toutes les dettes
« c'est celle dont il importe le plus que le paie-
« ment soit fait à point nommé ; car le retard dans
« ce genre a le double inconvénient de décourager
« l'offensé et d'enhardir l'offenseur sans mesure ;
« au lieu que la célérité des châtimens est tout à
« la fois la terreur des coupables et la meilleure
« des consolations pour ceux qu'ils ont fait souffrir.
« On cite ce discours de Bias à un méchant homme :
« *Je ne crains pas que tu échappes à la peine; je*
« *crains seulement de ne pas vivre assez pour en*
« *être le témoin.* Mais plus on réfléchit sur ce dis-
« cours, et moins l'esprit en est satisfait ; car que
« signifie la justice qui n'est pas faite à temps ? Les
« Messéniens furent défaits près de l'endroit appelé
« *la Grande-Fosse*, par les Lacédémoniens qui
« avaient corrompu Aristocrate. Celui-ci fut paisi-
« blement roi d'Arcadie pendant vingt ans. Au bout
« de ce temps il fut convaincu de son crime et
« puni ; mais cette punition était bien étrangère aux
« Messéniens qu'il avait trahis, et qui n'existaient
« plus ; et les Orchoméniens qui avaient perdu leurs
« enfans, leurs parens et leurs amis par la trahison
« de Lycisque (2), quelle consolation trouvèrent-

---

(1) Discours de Cléon, III, 38.
(2) Ce fait est demeuré d'ailleurs absolument inconnu.

« ils dans cette maladie qui vint assaillir le coupable
« long-temps après , et qui lui dévora le corps au
« point que lui-même, plongeant et replongeant les
« pieds dans l'eau , jurait, avec d'horribles impré-
« cations , qu'il les voyait tomber en pourriture à
« cause du crime qu'il avait commis ? Et les Cylo-
« niens ayant été massacrés à Athènes dans un lieu
« saint, les scélérats qui s'étaient rendus coupables
« de ce sacrilége furent bannis depuis de la républi-
« que , et les ossemens mêmes furent aussi bannis et
« jetés hors des confins de l'état; mais lorsque la ven-
« geance arriva, la seconde génération des malheu-
« reux Cyloniens n'existait plus (3). Il n'y a donc ,
« ce semble , rien de plus déplacé que ces sortes de
« discours assez familiers aux poètes: *Que la Justice*
« *divine n'est pas toujours prête à percer le cœur*
« *des coupables ; qu'elle est silencieuse et lente ,*
« *mais qu'à la fin elle arrive ;* car cette considé-
« ration est précisément celle dont les méchans
« se servent pour s'encourager eux-mêmes à se
« livrer au crime. Qu'y a-t-il en effet de plus sédui-
« sant que de voir le fruit de l'iniquité toujours
« mûr et prêt à se laisser cueillir , tandis que le
« châtiment qui doit la suivre n'est aperçu que dans
« le lointain et long-temps après la jouissance que
« procure le crime ?

---

(3) Voyez sur ce fait et sur la correction qu'exige le
texte , la note de Vauvilliers , (Trad. d'Amyot. Paris ,
Cussac, 1785, Œuvres mor. p. 4, p. 537, 538.

III. « Il y a plus : le résultat fatal de ces délais
« est que, lorsqu'enfin la justice arrive, on ne veut
« plus y reconnaître la main de la Providence : de
« manière que le mal qui survient aux méchans,
« non pas au moment où ils se sont rendus coupables
« mais long-temps après, ils l'appellent *fortune* ou
« *malheur*, et point du tout *châtiment* : d'où il
« arrive qu'ils n'en retirent aucun profit pour leur
« amendement ; car ils sentent bien la pointe de la
« douleur, mais cette douleur ne produit plus de
« repentir. Le cheval est corrigé par la punition qui
« suit immédiatement sa faute ; mais si cette puni-
« tion est retardée, les cris, les saccades et les coups
« d'éperon dont il ne sent plus la cause, l'irritent
« sans lui rien apprendre (4). C'est l'image natu-
« relle du méchant par rapport à Dieu. Si la main
« divine se fait sentir à lui, et le frappe au mo-
« ment même où il se rend coupable, il faut bien
« que rentrant en lui-même il apprenne à s'hu-
« milier et à trembler sous l'empire d'un Dieu dont
« la vengeance n'est jamais retardée. Mais quant à
« cette justice tardive et équivoque dont nous ber-
« cent les poètes. elle ressemble à une chance beau-

---

(4) Ce passage était absolument inexplicable, comme
on peut le voir dans la traduction d'Amyot (qui s'en est
cependant tiré avec beaucoup d'esprit). *Reiske* a tout
éclairci en changeant ἡ ποινή, en ἵππον. C'est une correction des plus heureuses, et qui ne souffre pas la moindre
objection. La critique, comme les autres sciences, a ses
inspirations.

« coup plus qu'à un acte délibéré de la Justice di-
« vine ; de manière qu'on ne voit pas trop à quoi
« sert *cette meule des dieux qui moud si lentement,*
« comme dit notre proverbe. Cette lenteur ne
« semble propre qu'à rendre la justice douteuse ,
« et à débarrasser les méchans de la crainte. »

IV. On pourrait pousser ces difficultés plus loin ;
mais je crois que j'ai rapporté les principales , et
qu'il est bon de les repousser d'abord , s'il est possible , avant de s'engager dans un nouveau combat;
je crois néanmoins encore devoir protester , avant
tout, que je ne m'écarterai point, dans cette discus-
sion, de la réserve sage dont l'Académie a toujours
fait profession lorsqu'il s'agit de la Divinité ; de
manière que j'éviterai soigneusement de parler de
ces choses comme si j'en avais une connaissance
parfaite (Note II). Il serait en effet moins hardi
de parler de la musique sans l'avoir apprise, ou de
la guerre sans l'avoir jamais faite, qu'il ne le serait
à nous qui ne sommes que des hommes , d'entreprendre de décider sur ce qui concerne les dieux
et les génies , et de vouloir deviner les plans de
l'artiste sans avoir aucune connaissance de son art ,
et fondés uniquement sur des opinions et sur des
conjectures. Il serait téméraire à un homme qui
n'aurait aucunes connaissances en médecine , de
demander pourquoi le médecin n'a pas ordonné
l'amputation plus tôt, et pourquoi il a prescrit le
bain hier et non aujourd'hui. Il faut croire, à plus
forte raison, qu'il n'est ni sûr ni facile à des êtres
mortels d'affirmer autre chose sur les jugemens de

Dieu, sinon qu'il connaît parfaitement les temps les plus propres pour appliquer les châtimens aux crimes, comme le médecin éclairé distribue les remèdes dont il varie, suivant les circonstances, et les doses et les époques. Que la médecine de l'âme, qui se nomme *jugement et justice*, soit en effet la plus sublime des sciences, c'est ce que Pindare atteste après mille autres, lorsqu'il donne à l'Etre, principe et maître de tout ce qui existe, le nom d'*Aristotechnite*, c'est-à-dire *excellent ouvrier*, auquel il appartient, comme à l'auteur même de la justice, de décider et quand, et comment, et jusqu'à quel point chaque coupable doit être puni : et lorsque Platon nous dit que Minos, fils de Jupiter, était disciple de son père sur cette science, il nous fait assez comprendre qu'il est impossible de bien exercer la justice correctionnelle, ni même de bien juger ceux qui l'exercent, sans avoir étudié et appris cette science.

V. Les lois faites par les hommes, * et qui devraient par conséquent se rapporter à notre manière d'apercevoir les choses, * ne paraissent cependant pas toujours raisonnables au premier coup d'œil : il leur arrive même assez souvent de présenter des dispositions qui prêtent fort au ridicule : à Sparte, par exemple, les éphores, en entrant en charge, ordonnent, par cri public, *que personne ne laisse croître sa moustache, et que chacun obéisse aux lois ; à défaut de quoi ils séviront contre les infracteurs.* A Rome, lorsqu'on veut élever un esclave à la liberté, on lui jette une petite verge sur les épaules (Note III) ; et lorsque les Romains font leurs testamens , ils instituent une certaine personne pour leur héritière , et ils vendent leurs biens à un autre , ce qui semble tout-à-fait extra-vagant (Note IV). Mais rien dans ce genre n'égale la loi de Solon , laquelle déclare infâme celui qui , dans une sédition , ne s'attache pas à l'une ou l'autre faction. Enfin l'on pourrait montrer dans les lois civiles une foule de dispositions qui paraî-traient absurdes, si l'on ne connaissait pas l'inten-tion du législateur ou l'esprit de la loi. Or , si les choses humaines nous présentent tant de difficultés , faut-il donc nous étonner si fort de n'être pas en état de comprendre , lorsqu'il s'agit des dieux , pourquoi ils punissent certains coupables plus tôt , et les autres plus tard ? Tout ceci , au reste , n'est point dit pour éviter une lutte que je ne redoute nulle-ment ; je veux seulement , par cette réponse tran-chante , mériter l'indulgence dans tout ce que je dirai sur cette question : je veux que la raison voyant , pour ainsi dire , derrière elle un refuge assuré , en devienne plus hardie pour affronter les objections , et range plus aisément ses auditeurs au parti de la vraisemblance.

VI. Considérons d'abord que, suivant la doctrine de Platon, Dieu s'étant mis , si l'on peut s'exprimer ainsi, *au milieu des choses* , pour servir de mo-dèle à tout ce qui existe de bon, a fait présent de la vertu aux êtres qu'il a rendus capables de lui obéir ; par où il nous a mis en état de nous rendre en quelque manière semblables à lui ; car l'uni-

vers, qui n'était dans l'origine qu'un chaos, n'est devenu *monde*, *c'est-à-dire ordre* et *beauté* (Note V)
qu'au moment où Dieu se mêlant à lui d'une certaine
manière, ce monde devint une image affaiblie de
l'intelligence et des vertus divines. Ce même Platon ajoute que la nature n'*alluma* (5) la vue dans
nous qu'afin que nos âmes, en contemplant les
corps qui se meuvent dans le ciel, apprissent à
admirer, à respecter, à chérir l'ordre et la beauté;
à détester au contraire tout ce qui leur est opposé,
à fuir toute passion déréglée, et surtout cette légè-
reté qui agit au hasard et qui est la source de toute
sorte de crimes et d'erreurs ; car l'homme ne peut
jouir de Dieu d'une manière plus délicieuse qu'en
se rendant, autant qu'il le peut, semblable à lui
par l'imitation des perfections divines.

VII. Voilà pourquoi Dieu ne se hâte point dans la
punition des coupables. Ce n'est pas qu'il craigne
de se tromper en agissant trop vite, ou de frapper
des coups dont il ait ensuite à se repentir ; mais *
c'est qu'étant notre modèle, comme je viens de le
dire, * il veut nous apprendre par son exemple
à nous garder, lorsque nous devons punir les
fautes de nos semblables, de toute cruauté et
d'une certaine impétuosité brutale tout-à-fait in-
dignes de l'homme. Il nous enseigne à ne pas
nous précipiter sur celui qui nous a offensés, dans
le moment même de la colère et lorsque la passion étouffe absolument la raison ; comme s'il

---

(5) 'Ενάψαι.

s'agissait d'assouvir une faim ou une soif excessive. Il veut au contraire que lorsque nous levons le bras pour châtier, nous agissions avec calme et mesure, imitant sa bonté et ses clémentes lenteurs, et prenant toujours conseil du temps qui amène rarement le repentir lorsqu'on a reçu ses avis. *Il y a*, comme disait Socrate, *beaucoup moins de danger pour un homme altéré qui, par défaut d'empire sur lui même, s'abreuve de la première eau trouble qui se présente à lui, qu'il n'y en a pour l'homme emporté par la colère, d'assouvir sa vengeance sur son semblable et son frère, pendant que la passion le transporte au point de le priver de la raison, et avant que son esprit ait été, pour ainsi dire, clarifié par la réflexion.*

VIII. Car il n'est pas vrai du tout *que la vengeance la plus convenable*, comme l'a dit Thucydide, *soit celle qui suit l'offense de plus près:* c'est au contraire celle qui en est le plus éloignée; car *la colère*, comme dit Mélanthe, *produit d'étranges malheurs lorsqu'elle a délogé la raison;* au lieu que la raison, lorsqu'elle a chassé la colère, ne produit rien que de sage et de modéré. On remarque que certains caractères peuvent être adoucis et apaisés par l'exemple seul des vertus humaines, tel que celui de Platon, par exemple, qui demeura longtemps le bâton levé sur un esclave, *ce qu'il faisait*, dit-il, *pour châtier sa colère;* ou tel que celui d'Archytas qui, se sentant un peu trop ému pour je ne sais quel désordre arrivé dans sa campagne par la faute de ses gens, se contenta de leur dire en

se retirant : *Vous êtes bien heureux que je sois en
colère.*

IX. S'il est donc vrai, comme on n'en peut douter, que les sages discours des anciens, et leurs
belles actions que l'histoire nous a transmises, con-
tribuent puissamment à réprimer l'ardeur et l'impétuosité de la colère ; lorsque nous viendrons à considérer de plus que Dieu même, qui ne craint
rien et ne se repent de rien, suspend néanmoins
ses vengeances et les renvoie dans un avenir éloigné, nous en deviendrons à plus forte raison
plus retenus. Nous comprendrons que nous ne sau-
rions appartenir à Dieu de plus près que par la
clémence et la longanimité : nous l'entendrons
lorsqu'il nous enseigne lui-même qu'un châtiment
précipité corrige bien peu de coupables, mais
que s'il est retardé, il en rassainit plusieurs et
en avertit d'autres.

X. La justice humaine ne sait que punir ; son
pouvoir ne s'étend pas plus loin. Les hommes
se mettent sur la trace des coupables et les poursui-
vent sans relâche, *aboyant* (6), pour ainsi dire,
après eux jusqu'à ce qu'ils soient parvenus à les saisir
et à leur rendre mal pour mal. Là ils s'arrêtent sans
pouvoir passer outre. Il en est tout autrement de
Dieu, et il y a tout lieu de croire que lorsqu'il se
décide à guérir une âme malade de vices, il examine
premièrement les passions qui la souillent, pour
voir s'il y a quelque moyen de la plier à la repen-

---

(6) Ἐφυλακτοῦσι.

tance , et qu'il accorde des délais pour leur amendement à tous les coupables dont la malice n'est pas
tout-à-fait confirmée et privée absolument de tout
mélange de bien. Il sait quelle étendue de perfection l'âme humaine a tirée de lui lorsqu'elle a reçu
l'être , et quelle en est l'excellence innée et ineffaçable ; il sait que cette âme étant de sa nature
étrangère au mal , tous les vices qui viennent à
fleurir (7) en elle ne peuvent être que le fruit
d'une éducation vicieuse ou du contact des hommes
corrompus, et qu'elle revient aisément à son état
primitif si elle est traitée suivant les règles (8).
Dieu ne se hâte donc point d'appliquer à tous un
châtiment égal ; mais il retranche sur-le-champ
et prive de la vie tout ce qu'il trouve d'absolument incurable ; car tout être qui a fait une alliance
absolue avec le mal ne saurait plus exister que
pour nuire aux autres et encore plus à lui-même (9) :
mais quant à ceux qui se sont livrés au vice , moins
par un choix délibéré de la volonté que par ignorance du bien , il leur accorde le délai nécessaire
pour se corriger ; et s'ils persistent dans le mal ,
alors il les punit à leur tour , et la suspension n'a
produit aucun inconvénient ; car Dieu ne craint
pas que le coupable lui échappe.

---

(7) Ἐξανθεῖ.

(8) Εἶτα θεραπευθεὶν καλῶς.

(9) *Quo uno modo possunt desinant mali esse :* Puisque
d'aucune autre manière ils ne peuvent cesser de nuire ,
qu'ils cessent de vivre. (*Sen. de irâ , I ,* 15.)

XI. Considérons d'ailleurs quels prodigieux changemens s'opèrent dans les mœurs et dans les habitudes des hommes. On dit que le roi Cécrops fut
appelé jadis *double* ou *biforme*, pour faire entendre
que, de roi bon et clément, il était devenu tyran
cruel et impitoyable : pour moi, je crois tout le
contraire ; mais quand il y aurait du doute à son
sujet, il n'y en aurait du moins aucun sur celui de
Gélon et de Hiéron en Sicile, et de Pisistrate à
Athènes, qui parvinrent à la souveraineté par les
moyens les plus criminels, et qui en jouirent ensuite de la manière la plus équitable ; donnant de
très-bonnes lois à leurs peuples ; leur inspirant le
goût de l'agriculture, et les dégoûtant des plaisirs
insensés pour en faire des citoyens sages et indus-
trieux ; et Gélon en particulier, lorsque les Carthaginois, vaincus dans une grande bataille, lui deman-
dèrent la paix, refusa de la leur accorder, à moins
qu'ils ne s'obligeassent par le traité à ne plus sa-
crifier leurs enfans à Saturne (Note VI) : et Lydiadas, ayant usurpé la souveraineté dans la ville
libre de Mégalopolis, se repentit ensuite de son injustice pendant qu'il était en pleine possession de
la puissance royale, de manière qu'il rendit les lois
à ses concitoyens (Note VII), et mourut depuis
couvert de gloire, en combattant les ennemis de sa
patrie. D'autres grands hommes fournissent des
exemples du même genre. Si l'on avait fait mourir
Miltiade pendant qu'il était tyran de la Chersonèse ;
si quelqu'un avait mis Cimon en justice lorsqu'il
vivait publiquement avec sa propre sœur, et l'eût

accusé d'inceste (Note VIII) , ou si l'on avait traité
de même Thémistocle pour son insolent libertinage
(Note IX) , et qu'on l'eût banni de la République ,
comme les Athéniens en usèrent depuis envers
Alcibiade pour de semblables excès de jeunesse ,
nous eussions perdu avec eux la bataille de Marathon , celle de l'Eurymedon , et celle qui a rendu à
jamais fameuse cette côte d'Artémisium , sur laquelle , comme l'a dit Pindare :

Le bras de l'immortelle Athènes ,
Du Perse repoussant les chaînes ,
Fonda l'auguste liberté (10).

XII. Les grands caractères ne sauraient produire
rien de médiocre ; et comme l'énergie qui est en eux
ne peut demeurer oiseuse , toujours ils sont en
branle comme les vaisseaux battus par les flots et par
la tempête , jusqu'à ce qu'enfin ils soient parvenus à
des habitudes fixes. Or comme il peut arriver qu'un
homme sans expérience dans l'agriculture mé-
prise une terre qu'il verra couverte de broussailles ,
de plantes sauvages , d'eaux extravasées , de fange
et de reptiles , tandis que le connaisseur tirera de
ces signes mêmes , et d'autres semblables , des preuves de l'excellence de cette terre ; de même les
grands caractères sont sujets, dans leurs commence-

---

(10) Voyez sur ces vers de Pindare , et sur la manière
de les lire , les fragmens de ce poète , dans l'édition de
Heyne ; Gottingue , 1798 , in-8.°, tom. III , p. 101 ,
n.° XL. On adoptera , si l'on veut , le mètre proposé
par M. Herman.

mens, à *pousser* (11) des fruits mauvais et désordonnés ; et nous qui ne pouvons supporter ce que
ces fruits ont d'épineux et d'offensant, nous imaginons qu'il n'y a rien de plus pressé que de réprimer
par le fer cette fausse végétation ; mais celui qui en
sait plus que nous, voyant déjà ce qu'il y a dans
ces esprits de bon et de généreux, attend l'époque
de la raison et de la vertu, où ces tempéramens
robustes seront en état de produire des fruits dignes
d'eux.

XIII. Mais en voilà assez sur ce sujet ; considérons
maintenant si quelques nations grecques n'ont pas
adopté avec beaucoup de raison la loi égyptienne
qui ordonne *que si une femme enceinte est condam-
née à mort, on suspende le supplice jusqu'après sa
délivrance* (12) ; maintenant, au lieu d'une femme
qui a conçu matériellement, imaginons un coupable qui *porte* dans le fond de son âme une bonne
action, une grande pensée, un conseil salutaire, une
invention utile : ne préférera-t-on pas d'une commune voix la clémence qui laisse mûrir et naître
ces fruits de l'intelligence, à la justice précipitée qui
les aurait fait avorter ? * Jusqu'ici la comparaison
est exacte : elle devient fausse ensuite, mais c'est au

(11) Προεξανθῶσι.

(12) L'expression de Plutarque, *quelques-uns d'entre
les Grecs*, suppose manifestement que tous les peuples
de sa patrie, à beaucoup près, n'avaient pas adopté une
loi aussi sage, et que dans la plus grande partie de la
Grèce on exécutait les femmes enceintes ; ce qui montre

profit de la vérité ; car cet enfant que la mère con-
damnée doit mettre au monde ne peut lui-même
sauver sa mère dont le sort est décidé, au lieu
que cette bonne action que Dieu voit dans l'avenir,
sera pour le coupable un mérite qui aura la force
d'adoucir le supplice, peut-être même de le pré-
venir. Comment donc la suprême bonté pourrait-
elle annuler ce mérite en le prévenant par une punition soudaine ? *

XIV. Si Denys-le-Tyran eût été puni au premier
moment de l'usurpation dont il se rendit coupable, il ne serait pas demeuré un seul Grec dans
toute la Sicile ; car les Carthaginois, qui s'emparè-
rent de ce pays, les en auraient tous chassés. Il
en serait arrivé de même à la ville d'Apollonie, à
celle d'Anactorium et à toute la presqu'île de Leu-
cadie (13), si Périandre n'avait pas été puni long-
temps après qu'il eut usurpé la domination sur ces
contrées ; et pour moi je ne doute pas que le châtiment de Cassandre n'ait été différé jusqu'à ce que,
par le moyen de ce meurtrier, la ville de Thèbes ne
fût complètement rebâtie et repeuplée (14).

---

combien il y avait encore de barbarie parmi ces nations
tant et peut-être *trop* vantées.

(13) Colonies illyriennes fondées par les Corinthiens,
aujourd'hui Sainte-Maure, Pollina, etc.

(14) Il s'agit ici de la mort d'Alexandre-le-Grand,
qui fut l'ouvrage de Cassandre, et qui précéda le réta-
blissement de Thèbes. L'antiquité croyait que toute la
famille de Cassandre avait péri à cause de ce crime.
(Justin, XVI, 2).

XV. Plusieurs des étrangers qui pillèrent le temple de Delphes pendant la guerre sacrée, passèrent en Sicile à la suite de Timoléon, et après avoir détruit les Carthaginois et détruit plusieurs gouvernemens tyranniques, ils périrent enfin misérablement, comme ils l'avaient mérité ; car les méchans sont quelquefois, dans les mains de Dieu, comme des espèces de bourreaux dont il se sert pour châtier d'autres hommes encore plus coupables : puis il détruit à leur tour les bourreaux, et c'est ainsi, à mon avis, qu'il traite la plupart des tyrans. * Car lorsque les nations sont devenues criminelles à ce point qui amène nécessairement les châtimens généraux, lorsque Dieu a résolu de les ramener à l'ordre par la punition ; de les humilier, de les exterminer ; de renverser les trônes ou de transporter les sceptres ; pour exercer ces terribles vengeances presque toujours il emploie de grands coupables, des tyrans, des usurpateurs, des conquérans féroces qui se jouent de toutes les lois : rien ne leur résiste, parce qu'ils sont les exécuteurs d'un jugement divin ; mais pendant que l'ignorance humaine s'extasie sur leurs succès, on les voit disparaître subitement comme l'exécuteur, quand il a fini. * Tout ainsi donc qu'il y a dans quelques animaux venimeux certaines parties ou certains sucs utiles à la guérison des maladies ; de même, lorsque Dieu voit que certains peuples ont besoin d'être châtiés et pour ainsi dire *mordus* (15), il leur envoie un tyran implacable ou des maîtres

_____

(15) Δηγμῦ δεομένοις.

âpres et rigoureux ; et il ne les délivre de ce supplice continué que lorsqu'il a parfaitement purgé et
rassaini tout ce qui était malade et corrompu dans
eux. Ainsi Phalaris fut donné aux Agrigentins, et
Marius aux Romains, comme deux remèdes de ce
genre (16). On connaît aussi la réponse donnée
par l'Oracle aux Sycioniens, à propos d'un jeune
garçon nommé Télétias qui avait été couronné aux
jeux Pythiques et qu'ils voulaient, sous prétexte
qu'il était de leur pays, enlever de force aux Cléoniens qui prétendaient le retenir. Dans ce conflit
de deux partis qui ne voulaient céder ni l'un ni
l'autre, le jeune homme fut mis en pièces ; sur quoi
le Dieu déclara expressément aux Sycioniens *qu'ils
avaient besoin de maîtres toujours armés de fouet;*
et en effet ils passèrent successivement sous la main
de trois tyrans, Orthagore, Myron et Clisthènes,
qui surent bien les retenir dans le devoir, tandis que
les Cléoniens, qui ne furent pas soumis au même
remède, tombèrent en décadence et finirent par
disparaître entièrement.

XVI. Homère parle quelque part de ce héros fils de
Coprée, *d'un méprisable père illustre rejeton* (17).

_____

(16) La justesse ordinaire de Plutarque semble l'a-
bandonner ici. Pour que la comparaison des animaux
venimeux fût exacte, il faudrait, par exemple, qu'au
lieu de prendre les bouillons de vipère pour se guérir
de certains maux, on fût obligé de se faire mordre par
ces animaux.

(17) Τὸ γένει' ἐκ πατρὸς πολὺ χείρονος υἱὸς ἀμείνων (Iliad.
XV, 641.).

Celui-là, à la vérité, ne paraît pas s'être illustré
par d'éclatantes actions; mais les descendans d'un
Sysiphe, d'un Autolyque, d'un Phlégyas ont
brillé en gloire et en vertu parmi les plus grands
rois. Périclès, à Athènes, était né d'une famille
maudite et dévouée. A Rome, Pompée surnommé
le Grand était fils de ce Strabon pour qui le peuple
romain avait conçu une telle haine, que lorsqu'a-
près sa mort on portait son corps vers le bûcher
il fut arraché du lit funéraire, jeté à terre et foulé
aux pieds. Où est donc le scandale si, comme le
jardinier ne coupe point l'épine avant d'en avoir
détaché l'asperge (18), ou comme les habitans de
la Lybie ne brûlent jamais les branches du ciste
avant d'avoir retiré la gomme aromatique qui en dé-
coule, Dieu de même ne veut point couper par la
racine certaines nobles et royales familles (quoique
mauvaises d'ailleurs et malheureuses), avant qu'elles
aient produit quelques rejetons dignes d'elles. Il
eût beaucoup mieux valu pour les Phocéens que
dix mille bœufs et autant de chevaux d'Iphitus (19)

---

(18) Il ne s'agit point ici des asperges proprement
dites, dont aucune ne se prête à la description que fait
ici Plutarque ; les anciens ont donné le même nom à
une plante épineuse qui porte un fruit doux. Théo-
phraste en a parlé dans son Histoire des Plantes, liv. I,
ch. 16 ; et liv. VI, c. 1, 3 ; et Henri-Etienne l'a cité au
mot *asparagos*.

(19) Plutarque est accusé ici par les commentateurs
d'une petite distraction, l'enlèvement des chevaux

eussent été tués, ou que Delphes eût perdu beaucoup plus d'or et d'argent, que si des personnages
tels qu'Ulysse ou Esculape (20) ne fussent point
nés, et tant d'autres encore qui, nés de parens vicieux et méchans, ont été cependant d'excellens
hommes, grandement utiles à leurs semblables.

XVII. N'y a-t-il pas d'ailleurs des raisons de
croire que la justice faite à propos vaut mieux que
la justice faite sur-le-champ? Callippe d'Athènes,
feignant d'être l'ami de Dion, le tua d'un coup de
poignard : or il arriva que lui-même fut tué ensuite
avec le même poignard, et par la main de ses propres
amis. Mitius d'Argos ayant été tué dans une sédition, et le peuple étant depuis assemblé sur la place
pour assister à des jeux, une statue de bronze tomba
d'elle-même sur le meurtrier et l'écrasa. L'histoire
de Bessus le Péonien, et celle d'Ariston l'Etéïen, l'un
et l'autre chefs de milices étrangères, ne sont pas
moins connues. Ce dernier, favorisé par les tyrans
qui dominaient de son temps à Delphes, enleva l'or
et les diamans de la reine Eryphile, déposés depuis
long-temps dans le temple de cette ville, et il en
fit présent à sa femme; mais le fils d'Ariston ayant
depuis pris querelle avec sa mère, mit le feu à la
maison, qui fut consumée avec tout ce qu'elle con-
tenait (Note X). Bessus avait tué son père, et pen-

---

d'*Iphitus* étant totalement étranger à Ulysse. Heureusement *la vérité d'une fable* importe peu.

(20) Ulysse et Esculape descendaient d'Autolycus et
de Phlégyas, qui sont nommés plus haut.

dant long-temps ce crime fut ignoré; mais enfin, étant venu dîner un jour chez des amis, il s'avisa d'abattre un nid d'hirondelles, en le perçant de sa lance, et de tuer les petits. L'un des témoins de cette action s'étant écrié, comme il était bien naturel : *Comment donc, mon cher, vous permettez-vous quelque chose d'aussi peu raisonnable* (21)? *Eh ! n'entendez-vous donc pas,* répondit Bessus, *que ces oiseaux ne cessent de crier contre moi et de m'accuser d'avoir tué mon père ?* Cet aveu surprenant fut bientôt porté au roi, qui ordonna les recherches convenables. Le coupable fut convaincu et puni comme parricide. * Ces diverses punitions sont plus frappantes, et par conséquent plus utiles que si elles avaient suivi de près les crimes. *

XVIII. Tout ce discours, au reste, suppose, comme une proposition accordée, *que la punition des coupables est retardée;* mais je ne sais si, au lieu de suivre Platon qui nomme la peine *une suivante du crime,* il ne vaudrait pas mieux écouter Hésiode lorsqu'il nous dit : *Le crime est avant tout nuisible à son auteur;* et ailleurs encore : *Qui cherche à perdre autrui cherche à périr lui-même* (Note XI).

---

(21) Les anciens croyaient, et cette idée n'est pas encore absolument effacée de nos jours (*Génie du Christianisme,* tom. VI, ch. 6), qu'il y avait quelque espèce de mal à détruire le nid de notre concitoyenne l'hirondelle, oiseau remarquable par le bon sens qui lui a fait découvrir qu'il est bon de se faire protéger par les êtres plus forts que nous, mais sans se laisser toucher.

On dit que la mouche cantharide porte en elle le
contre-poison du venin qu'elle communique. Par
un effet tout contraire le crime, avec le faux plaisir
qui nous séduit, verse dans l'âme la douleur et le
remord, et non point dans un avenir reculé, mais
dans l'instant même où l'homme se rend coupable.
Comme le criminel marchant au supplice est condamné à porter lui-même la croix sur laquelle il doit
expirer (22), de même le méchant livré à sa conscience porte avec lui le supplice qu'il a mérité ; le
crime, après qu'il a déshonoré une vie entière, étant
encore le bourreau le plus cruellement inventif pour
la remplir de troubles, d'inquiétude, de cuisans remords et d'interminables frayeurs.

XIX. Certains hommes, dans les jugemens qu'ils
portent sur le bonheur des méchans, ne ressemblent
pas mal à des enfans admis pour la première fois à
contempler, sur la scène, des misérables jouant les
rôles les plus nobles. Vêtus de pourpre et de brocard,
le front ceint de couronnes, ces rois de théâtre en
imposent à l'œil de l'enfance, qui les prend pour de
grands personnages et s'extasie sur leur bonheur,
jusqu'à ce que tout à coup on les voit frappés de
verges, percés de coups, ou même brûlés vifs dans
leur royale parure (Note XII). C'est ainsi en effet
que lorsqu'on voit des coupables illustres , environ-

_____

(22) Juste-Lipse, dans son traité *de Cruce*, lib. XI,
cap. 5, n'a rien laissé à désirer sur cet usage de l'antiquité, que le christianisme a fait connaître dans tout
le monde.

nés de serviteurs, distingués par une haute naissance et revêtus de grands emplois, on ne peut se déterminer à croire qu'ils soient punis, jusqu'à ce qu'on les voie poignardés ou précipités; ce qui est cependant moins une punition que la fin et le complément de la punition (Note XIII). * Que sont donc ces prétendus *retards* dont on fait tant de bruit? En premier lieu nous appelons de ce nom, dans notre ignorance, *le temps que la Justice divine emploie à soulever l'homme qu'elle veut précipiter;* mais si nous voulons d'ailleurs nous exprimer rigoureusement, il n'y a point de retard; car c'est une loi divine que le supplice commence toujours avec le crime. L'ingénieuse antiquité a dit que la peine est *boiteuse:* sans doute qu'elle n'atteint pas tout de suite le coupable; mais jamais elle ne cesse de le poursuivre; et le bruit de sa marche, que nous appelons *remords,* tourmente sans relâche le coupable; de manière que lorsqu'elle le saisit enfin, ce n'est plus que la fin du supplice. * Hérodique de Sélibrée (*) parvint, en mêlant la gymnastique aux remèdes intérieurs, à trouver un palliatif dont il fit le premier usage sur lui-même, contre la phthisie, maladie qui jusqu'à lui avait résisté entièrement à tous les remèdes; sur quoi Platon disait *que ce médecin, et pour lui et pour les autres, avait inventé l'art de faire durer la mort.* * Ce mot heureux est applicable à la punition des méchans: * on la croit lente, parce qu'elle est longue; et parce

_____

(*) Ancien médecin qui fut le maître d'Hippocrate.

que les coupables vieillissent sous la peine , on dit que la peine n'atteint que leur vieillesse.

XX. Ajoutons encore que ce mot de *long-temps* n'a de sens que par rapport à nous; car la plus longue vie humaine, pour Dieu, est un instant. Qu'un méchant soit puni divinement au moment même où il a commis son crime, ou qu'il le soit trente ans après, c'est comme si la justice humaine, au lieu de le faire pendre ou torturer le matin, ne l'envoyait au supplice que l'après-midi. En attendant, la vie est pour le coupable une véritable prison , qui ne lui laisse aucun espoir de fuite. Que si , dans cette position, il donne de grands festins ; s'il répand des grâces et des largesses ; s'il entreprend des affaires importantes; il ressemble au prisonnier, qui s'amuse à jouer aux dés et aux échecs pendant que la corde qui doit l'étrangler pend déjà sur sa tête. Si cette comparaison ne paraît pas juste , qu'est-ce qui pourra nous empêcher de soutenir de plus, en parlant d'un criminel détenu et condamné à mort , *qu'il a échappé à la justice,* parce qu'on ne lui a pas encore coupé la tête ? Et pourquoi n'en dirions-nous pas autant de celui qui a bu la ciguë, et qui se promène dans sa prison en attendant la pesanteur des jambes , l'extinction du sentiment et les glaces de la mort ? Si nous voulons ne compter pour rien les souffrances , les angoisses et les remords qui déchirent la conscience du méchant , il vaudrait autant dire que le poisson qui a mordu l'hameçon n'est point encore pris jusqu'à ce qu'il soit grillé ou dépecé dans nos cuisines. Le crime est pour nous un véritable hameçon dont la volupté est l'amorce : à l'instant même où le méchant la saisit, *il est pris.* Il devient prisonnier de la Justice divine : sa conscience le traîne et l'agite douloureusement comme le poisson qui, ne vivant plus que pour souffrir, se débat vainement sous la main qui l'entraîne à la mort. * Il en coûte à l'homme de bien pour faire de grands sacrifices à la vertu, pour surmonter ses inclinations les plus chères et les plus entraînantes; mais lorsqu'enfin il s'est rendu maître de lui-même, il en est récompensé par les torrens d'une volupté divine qui coulent dans son cœur. Il arrive précisément le contraire au méchant : le crime se présente à ses yeux sous les couleurs les plus séduisantes, mais à peine est-il consommé que ce charme trompeur disparaît et ne laisse après lui que d'affreux tourmens.

XXI. L'audace qui est naturelle aux grands coupables ne leur sert en effet que pour commettre les crimes; car l'impétuosité de la passion qui les pousse est une espèce de vent qui leur manque d'abord après, de manière qu'ils demeurent sans mouvement livrés au supplice des terreurs religieuses. * Mille fantômes sinistres se présentent à l'imagination du coupable, il se fuit sans cesse et se retrouve toujours. La nuit surtout est terrible pour lui, car le sommeil tranquille n'est donné qu'à la vertu. C'est pendant la nuit que le crime, forcé d'habiter avec lui-même, se voit tel qu'il est, se touche pour ainsi dire, et se fait horreur * (23). Il me semble

––––––––––––––––––––––––––––––––––––––

(23) *Perfugium videtur omnium laborum et sollicitu-*

donc que Stésichore a peint le songe de Clytem-
nestre avec une grande vérite de coloris , et d'une
manière d'ailleurs très-conforme à l'histoire , lorsqu'il nous représente Oreste qui apparaît la nuit à
sa mère.

Il semblait s'élancer de la gueule sanglante
D'un dragon qui planait sur la reine tremblante.

Car les visions qui nous viennent dans les songes, les apparitions de fantômes en plein jour, les
réponses des oracles , les prodiges célestes, tous les
signes enfin de l'intervention divine , causent de
grands troubles et des frayeurs mortelles à tous les
hommes qui se sentent accusés par leur conscience.
Apollodore, * tyran cruel de Cassandra , dans la
Thrace, songea une nuit, que les Scythes le faisaient bouillir après l'avoir écorché vif , et que son
cœur en cuisant murmurait du fond de la chau-
dière: *C'est moi qui suis l'auteur des tourmens que
tu souffres* (24). Une autre fois il crut voir ses propres filles qui tournaient autour de lui, enflammées
comme des tisons ardens. Hipparque , fils de Pisis-

---

*dinum esse somnus ; at ex eo ipso plurimæ curæ metusque
nascuntur :* c'est-à-dire, le sommeil qui devait être le
baume de la vie en devient le poison (*Cic. de divin.*
II , 72.).

(24) Ce cœur disait la vérité ; car nous avons été
assurés depuis *que tout crime part du cœur* (Matth. X ,
19.). Et ce n'est pas sans raison que les hommes sont
convenus de se frapper la poitrine pour exprimer le
repentir.

trate , songea peu de temps avant sa mort que Vé-
nus , tenant du sang dans une coupe , lui en jetait
au visage. Les amis de Ptolémée , surnommé la
Foudre, crurent voir en songe Séleucus appelant
ce prince en justice , par-devant les loups et les vautours qui étaient les juges. Le roi Pausanias , se
trouvant à Bysance , s'était fait amener par force
une jeune fille de condition , libre et de bonne maison , nommée Cléonice , dans le dessein de passer
la nuit avec elle ; mais comme il était endormi lorsqu'elle entra , il s'éveilla en sursaut , et la prenant
pour un ennemi qui venait le surprendre , il la tua
sur la place. Dès-lors , pendant son sommeil , il
voyait souvent apparaître cette fille qui lui disait :

Malheur à l'homme entraîné par ce vice !
Marche au supplice (Note XIV).

Tant qu'à la fin , fatigué de cette apparition qui
ne cessait de l'obséder , il se vit forcé de s'en aller
jusqu'à la ville d'Héraclée , qui possédait un temple
où l'on évoquait les âmes des morts ; et là , ayant
fait les sacrifices ordinaires d'expiation et les liba-
tions qui se font sur les tombeaux , il fit tant que
Cléonice lui apparut , et lui dit *que lorsqu'il serait*
de retour à Lacédémone il y trouverait la fin de
ses peines; et en effet à peine fut-il arrivé dans sa
patrie qu'il y perdit la vie. Il paraît donc qu'en
partant de la supposition que l'âme n'a plus de
sentiment après la mort , et que le terme de la vie
est celui de toute peine et de toute récompense ,
on pourrait soutenir à bon droit , à l'égard des mé-

chans qui seraient frappés et mourraient d'abord
après leurs crimes, que les Dieux les traitent avec
une douceur excessive : * en effet, les plus incon-
séquens des hommes seraient ceux qui, se refusant
à la croyance de l'immortalité, reprocheraient cependant à la Divinité de laisser vivre les méchans ;
car demander, dans cette supposition, que le méchant meure, c'est demander expressément qu'il
échappe à la vengeance ; il faudrait au contraire,
dans ce cas, demander pour lui la vie, c'est-à-dire,
le prolongement de son supplice. Il n'y a pas de
propos plus léger ni malheureusement plus commun
que celui-ci : *Comment, sous l'œil d'une Providence juste, un tel homme peut-il vivre tranquille?*
— *Tranquille !* Comment donc sait-on qu'il est
tranquille ? Il est condamné au contraire à vivre
sous le fouet des furies ; il faut que le châtiment
s'accomplisse. S'il mourait, on ne manquerait pas
de dire : *Est-il possible qu'un tel homme soit mort*
tranquillement *dans son lit ?* Il faudrait donc, pour
contenter nos petites conceptions, que le coupable
fût frappé miraculeusement au moment même où il
le devient, c'est-à-dire qu'il faudrait exclure le repentir. En vérité, nous serions bien malheureux si
Dieu était impitoyable comme l'homme ! Qui ne
voit d'ailleurs que si le châtiment suivait infaillible-
ment et immédiatement le crime, il n'y aurait plus
ni vice ni vertu, puisque l'on ne s'abstiendrait du
crime que comme l'on s'abstient de se jeter au feu ?
La loi des esprits est bien différente : la peine est
retardée, parce que Dieu est bon ; mais elle est

certaine, parce que Dieu est juste. *Ne croyez pas,*
dit Platon, *pouvoir jamais échapper à la ven-*
geance des Dieux; vous ne sauriez être assez petit
pour vous cacher sous la terre, ni assez grand
pour vous élancer dans le ciel (Note XV) ; *mais*
vous subirez la peine qui vous est due, ou dans ce
monde ou dans l'autre, dans l'enfer ou dans un
lieu encore plus terrible (Note XVI), *où vous serez*
transportés après votre mort.

XXII. Quand une longue vie n'amènerait pour
le méchant aucune punition matérielle et exemplaire, elle servirait au moins à le convaincre par
l'expérience la plus douloureuse qu'il n'y a ni paix
ni bonheur pour le crime, et qu'après nous avoir
exposés à toutes sortes de peines et de dangers il
ne nous laisse enfin que l'affreux remords. Lysimaque, forcé par la soif de livrer aux Gètes et sa
personne et son armée, s'écria après qu'il eut bu,
étant déjà prisonnier : O Dieux ! que je suis lâche de
m'être privé d'un si grand royaume pour un plaisir
si court (25) ! Cet homme cependant était excu-
sable d'avoir cédé à un besoin physique contre le-

---

(25) Plutarque lui-même (ou quelqu'autre) raconte
ailleurs la même anecdote, avec quelque variation. Il
fait dire à Lysimaque : *O Dieux ! pour quel misérable*
plaisir je viens de me faire esclave, de roi que j'étais !
(Apopht. Reg. et Impr. edit. Steph. T. II , p. 160.)
Peut-être que Lysimaque ne dit ni d'une manière ni de
l'autre. En lisant les anciens historiens il ne faut jamais
oublier qu'ils sont tous plus ou moins poètes.

quel la volonté ne peut rien ; mais lorsque, entraîné
par le désir effréné des richesses, par l'ambition ou
par l'attrait d'un plaisir infâme, un malheureux a
commis quelque action détestable, bientôt la soif
du désir se trouvant éteinte, et la rage de la passion
ne l'agitant plus, il voit qu'au lieu de ce triste fantôme de plaisir qu'il poursuivait avec tant d'ardeur,
il n'a trouvé que le trouble, l'amertume et les regrets. Alors, mais trop tard, il se reproche d'avoir
empoisonné sa vie entière ; de l'avoir livrée aux
frayeurs, aux tristes souvenirs, aux repentirs cuisans, à la défiance du présent, à la crainte de l'avenir, pour se procurer de misérables jouissances qui
ont passé comme l'éclair (26). C'est ainsi qu'Ino
s'écrie sur nos théâtres, en se rappelant son crime :

> *Femme, dont la tendresse assoupit ma douleur !*
> *O que ne puis-je encore, au sein de l'innocence,*
> *Vivre en paix sous le toit qui couvrit mon enfance !*
> *Je n'éprouverais pas l'épourante et l'horreur,*
> *Que verse dans mon âme un souvenir rongeur.*

XXIII. Mais je crois que ce retour amer est commun à tous les coupables. Il n'en est pas un qui ne
se dise à lui-même : *O que ne puis-je chasser le
souvenir de tant de crimes ! Que ne puis-je me déli-
vrer du remords et recommencer une autre vie !*
Si l'on pouvait voir dans ces cœurs livrés aux passions criminelles, on y verrait les tourmens du Tar-

---

(26) *Dat pœnas quisquis exspectat ; quisquis autem
meruit exspectat :* c'est-à-dire, attendre la peine c'est
la souffrir, et la mériter c'est l'attendre (Sen. Ép. CV.).

tare : car pour moi je suis persuadé que les *grands criminels et les impies surtout n'ont besoin d'aucun Dieu*, *ni d'aucun homme pour les tourmenter*, puisque leurs vices sont autant de serpens qui les déchirent, et qu'il leur suffit de vivre pour souffrir. Où sont pour eux les douceurs de l'amitié et de la confiance ? Le méchant ne peut voir dans les hommes que des ennemis. *Continuellement en garde contre ceux qui le connaissent et qui le blâment, il ne se défie pas moins de ceux qui le louent sans le connaître ; car sa conscience lui dit assez que ceux qui rendent hommage à des vertus imaginaires, se déclarent par-là même ennemis de ceux qui ne les possèdent pas. Ainsi il ne croit personne, il ne se fie à personne, il n'aime personne ; il finit par se déplaire à lui-même, par se haïr enfin, et toute sa vie il n'est à ses yeux qu'un objet d'abomination.* *

XXIV.* Mais pour examiner plus à fond cette question du retard des punitions divines, il faut considérer que Dieu, ayant assujetti l'homme au temps (27), a dû nécessairement s'y assujettir lui-même. Ceux qui demandent *comment il a fallu tant de temps à Dieu pour faire ceci ou cela*, font preuve d'une grande faiblesse de jugement : ils demandent un autre monde, un autre ordre de choses ; ils ignorent également Dieu et l'homme : aussi les sages qui ont examiné à fond ce sujet, non-seulement n'ont point été scandalisés de ces délais dans les vengeances

---

(27) *Tempora patimur*, a fort bien dit Juste-Lipse , *Physiol Stoïc. dissert.* XVII.

divines ; mais en généralisant la question, ils ont
cru que cette lenteur dans les opérations de la toute-
puissante sagesse était comme le sceau et le caractère distinctif de la Divinité. Euripide avait fait une
étude particulière de l'ancienne théologie, et il tenait à grand honneur d'être versé dans ces sortes de
connaissances, car c'est de lui-même qu'il parle,
quoique à mots couverts, dans ce chœur de la tragédie d'Alceste, où il dit :

> *Les Muses , dans le sein des nues,*
> *Soutiennent de mon vol l'essor audacieux,*
> *Et des sciences inconnues*
> *Les secrets ont été dévoilés à mes yeux* (28).

Or ce poète, en parlant de la Divinité, a écrit ce
vers remarquable dans sa tragédie d'Oreste :

> *Elle agit lentement, car telle est sa nature.*
> (Note XVII.)

En quoi il me paraît justifier parfaitement la répu-
tion qu'il ambitionnait d'homme profondément
versé dans les sciences divines ; car il n'y a rien de
si vrai ni de si important que cette maxime ; en effet
l'homme, tel qu'il est, ne peut être gouverné par la
Providence, à moins que l'action divine, à son
égard, ne devienne pour ainsi dire *humaine* ;

---

(28) Ἐγὼ καὶ διὰ Μούσας
    Καὶ μετάρσιος ᾖξα, καὶ
    Πλεῖσαν ἀψάμενος λόγων, κ. π. λ.
                Euripid. Alc. Act. V. v. 965.

autrement elle anéantirait l'homme au lieu de le diriger. *

XXV. * Ce caractère de la Divinité, senti par tous les hommes, a produit une croyance qui choque la raison humaine, et qui cependant est devenue un dogme universel parmi les hommes de tous les temps et de tous les lieux. « Tout le monde a cru, « sans exception, qu'un méchant n'ayant point été « puni pendant sa vie, il peut l'être dans sa descen- « dance qui n'a point participé au crime, de ma- « nière que l'innocent est puni pour le coupable ; » ce qui révolte tout-à-fait la raison ; car puisque nous blâmons tous les jours des tyrans qui ont vengé sur des particuliers, sur des familles, et même sur les habitans d'une ville entière, des crimes commis par les ancêtres de ces malheureux, comment pou- vons-nous attribuer à la Divinité des vengeances que nous jugeons criminelles? Y a-t-il moyen de com- prendre que le courroux céleste s'étant comme perdu sous terre, à la manière de certains fleuves, au mo- ment où le crime se présentait à la vengeance, en ressorte tout à coup et long-temps après pour en- gloutir l'innocence? *

XXVI. * Ces doutes se présentent d'abord à tous les esprits; cependant, lorsqu'on y regarde de plus près, il arrive une chose fort extraordinaire ; c'est que l'absurdité même de la chose, telle qu'elle se présente au premier abord, commence à la rendre vraisemblable. On ne peut s'empêcher de se deman- der « Comment une opinion aussi révoltante, du « moins pour le premier coup d'œil, a pu devenir

3

« la croyance de tous les hommes ; et si elle ne serait
« point appuyée peut-être sur quelque raison pro-
« fonde que nous ignorons ? » Et ce premier doute
amène bientôt des réflexions qui tournent l'esprit
dans un sens tout opposé. *

XXVII. Rappelons-nous la fête que les Grecs ont
célébrée naguères en l'honneur des familles dont
les ancêtres avaient eu l'honneur de voir leur demeure honorée par la présence des Dieux (29) ;
rappelons-nous les honneurs extraordinaires décernés aux descendans de Pindare ; ces témoignages
de la reconnaissance publique, ces distinctions per-
sonnelles, si justement accordées par la loyauté de
nos pères, nous pénètrent de joie et d'admiration. Il
faudrait, pour n'y pas applaudir, avoir, comme l'a
dit ce même Pindare, *un cœur de métal forgé dans
un feu glacé ;* Sparte ne célèbre-t-elle pas encore
la mémoire de son fameux Terpandre ? Dans ses festins publics le héraut, après qu'on a chanté l'hymne
d'usage, ne crie-t-il pas : *Mettez à part la portion
due aux descendans de Terpandre ?* Les Héra-
clides ne jouissent-ils pas du droit de porter des
couronnes ? Et la loi de Sparte n'a-t-elle pas statué
que cette prérogative serait inviolablement conservée aux descendans d'Hercule, en reconnaissance
des services signalés qu'il avait jadis rendus aux
Grecs, sans en avoir jamais reçu aucune récompense ? * Je ne finirais pas si je voulais raconter les hon-

---

(29) La Théoxénie.

neurs publics rendus à certaines familles en mémoire d'un ancêtre illustre. Cette dette de la reconnaissance, payée aux descendans d'un grand personnage, est un sentiment universel. Il est infiniment
naturel à l'homme, au point que les gens envieux sont
moins choqués de cette distinction que de toutes les
autres, quoiqu'elle ne puisse supporter l'épreuve
du simple raisonnement. * Or il me semble qu'un
sentiment aussi universel peut fournir à la philosophie un merveilleux sujet de méditation, et que
nous y apprenons d'abord à ne pas tant nous hâter
de crier à l'injustice, lorsque nous verrons un fils
puni pour les crimes de son père; car il faudrait,
par la même raison, nous élever contre les honneurs
rendus à la noblesse : en effet, si nous avouons que
la récompense des vertus ne doit point se borner à
celui qui les possède, mais qu'elle doit se continuer
à ses descendans, il doit nous paraître tout aussi
juste que la punition ne cesse point avec les crimes,
mais qu'elle atteigne encore la postérité du malfai-
teur. Si nous applaudissons aux honneurs qu'A-
thènes a décernés aux descendans de Cimon, ap-
prouvons donc aussi, et par la même raison, cette
république lorsqu'elle déclare à jamais maudite et
bannie de son territoire la postérité de ce Lachá-
rès * qui tyrannisa sa patrie pendant quatre ans, et
la quitta ensuite après avoir pillé les temples et le
trésor public. Mais ce n'est point ainsi que nous
raisonnons : nous admettons un principe dont nous
rejetons en même temps la conséquence nécessaire,
et les contradictions ne nous coûtent rien, pourvu

qu'elles nous fournissent la matière d'un reproche
contre les Dieux. * Si la famille d'un méchant est
détruite, ils sont injustes; et si elle prospère, ils
sont injustes encore : voilà comment la Providence
est jugée; on la méconnaît ou on la chicane. Ne
commettons point la même faute, et servons-nous
au contraire des raisonnemens qui viennent d'être
exposés, comme d'une espèce de barrière pour
écarter de nous ces discours aigres et accusateurs.

XXVIII. Mais reprenons le fil qui doit nous guider
dans le labyrinthe obscur des jugemens de Dieu, et
marchons prudemment, retenant pour ainsi dire
notre esprit dans le cercle d'une humble et timide
retenue, et nous attachant toujours à ce qu'il y a de
plus vraisemblable, * sans jamais permettre à nos
pensées de s'égarer et de devenir téméraires, * et
songeant surtout que les choses matérielles qui nous
environnent présentent des mystères tout aussi in-
concevables, et que nous sommes cependant forcés
de recevoir. Je ne sais pourquoi, par exemple, l'action à distance de temps nous paraît moins expli-
cable que l'action à distance de lieu. On demande
pourquoi les Phocéens et les Sybarites sont punis
pour les crimes commis par leurs pères? et moi je
demande pourquoi Périclès mourut, et pourquoi
Thucydide fut mis en danger par une maladie née
en Éthiopie (30) ? * Il est aisé de répondre que la

_____

(30) Il s'agit ici de la grande peste d'Athènes, décrite
par Thucydide (II, 47) et par Lucrèce, d'après ce
grand historien (de N. R. VI, 1136).

peste fut apportée dans Athènes par un Ethiopien ;
mais c'est ce qu'il faudrait prouver, et expliquer de
plus comment cet homme ne mourut pas en chemin, ou comment les pays intermédiaires ne furent
pas infectés : au reste, ce n'est qu'un exemple, *et il
y a entre les choses d'un ordre supérieur, comme
entre les choses naturelles, des liaisons et des correspondances secrètes, dont* il est impossible de
juger autrement que par l'expérience, les traditions et le consentement de tous les hommes. *

XXIX. * Tout ceci se rapporte à l'homme considéré individuellement; mais si nous venons à le
considérer dans son état d'association, il semble
qu'il n'y a plus de difficulté, et que la vengeance
divine tombant sur un état ou sur une ville long-
temps après la mort des coupables, ne présente plus
rien qui choque notre raison. * Un état, en effet,
est une même chose continuée, un tout, semblable
à un animal qui est toujours le même et dont l'âge
ne saurait altérer l'identité. L'état étant donc toujours *un*, tandis que l'association maintient l'unité,
le mérite et le blâme, la récompense et le châtiment,
pour tout ce qui est fait en commun, lui sont distri-
bués justement comme ils le sont à l'homme individuel. Si l'on prétend diviser l'état par sa durée pour

---

Nam penitùs veniens Ægypti è finibus Ortus,
Aera permensus multum, camposque natanteis,
Incubuit tandem populo Pandionis.

                          Lucr. ib. 1141, 1142.

en faire plusieurs, en sorte, par exemple, que celui
du siècle précédent ne soit pas celui d'aujourd'hui;
autant vaut diviser aussi l'homme de la même manière, sous prétexte que celui d'aujourd'hui, qui est
vieux, n'est pas le même que celui qui était jeune il
y a soixante ans. C'est le sophisme plaisant d'Epi-
charme, disciple de Pythagore, qui s'amusait à
soutenir que l'homme qui a emprunté de l'argent
n'est pas tenu de le restituer, vu qu'au moment de
l'échéance il n'est plus *lui*, le débiteur primitif
étant devenu un autre homme; et que celui qu'on
a prié hier à souper vient aujourd'hui se mettre à
table sans invitation, parce qu'il a changé dans
l'intervalle : cependant le temps amène encore plus
de différence dans l'homme individuel que dans les
villes ou états; car celui qui aurait vu Athènes il
y a trente ans y retrouverait aujourd'hui les mêmes
mœurs, les mêmes plaisirs, les mêmes goûts ; rien
enfin n'aurait changé, tandis que si vous passez
quelques années sans voir un homme, quelque familier que vous soyez avec lui, vous aurez peine à
le reconnaître au visage, et qu'à l'égard de son être
moral il aura si fort changé d'habitudes, de sys-
tèmes et d'inclinations, que vous ne le reconnaîtrez
plus du tout. Et cependant personne ne révoque en
doute l'identité de l'homme depuis sa naissance
jusqu'à sa mort : croyons donc pareillement à celle
des cités et des états, à moins que nous ne voulions
abuser de l'idée d'Héraclite qui soutenait avec beaucoup de raison, dans un certain sens, *qu'il est im-*

possible de se baigner deux fois dans la même ri-
vière (31) (Note XVIII.).

XXX. Mais si l'état doit être considéré sous ce
point de vue, il en doit être de même d'une famille
provenant d'une souche commune, dont elle tient
je ne sais quelle force cachée, je ne sais quelle communication d'essence et de qualités, qui s'étend à
tous les individus de la lignée. Les êtres produits
par voie de génération ne ressemblent point aux
productions de l'art. A l'égard de celle-ci, dès que
l'ouvrage est terminé, il est sur-le-champ séparé de
la main de l'ouvrier et ne lui appartient plus : il
est bien fait *par lui*, mais non *de lui*. Au contraire ce qui est engendré provient de la substance
même de l'être générateur; tellement qu'il tient de
lui quelque chose qui est très-justement puni ou
récompensé pour *lui*; car ce quelque chose est *lui*.
Que si, dans une matière de cette importance, il
était permis de laisser seulement soupçonner qu'on
ne parle pas sérieusement, je dirais que les Athéniens firent plus de tort à la statue de Cassandre
lorsqu'ils la firent fondre; et que les Syracusains
en firent plus au corps du tyran Denys, qu'ils n'en

(31.) Δὶς ἐς τὸν αὐτὸν ποταμὸν οὐκ ἂν ἐμβαίης (*Heracl.*
apud Plat. in Cratylo. Opp. tom. III. edit. Bip. p.
268, 269.). Mais ce Cratyle, le même, à ce qui
paraît, qui a donné son nom au dialogue de Platon,
trouvait encore cette proposition inexacte : « Car,
« disait-il, il n'est pas possible de se baigner dans le cou-
« rant *même une fois*. » Ce qui est vrai en suivant à la
rigueur l'idée d'Héraclite (*Ariste. Metaph.* III, 5.).

auraient fait à la descendance de ces deux tyrans,
si l'un et l'autre peuple avait sévi contre elle; car
enfin la statue de Cassandre ne tenait rien de lui,
et le cadavre de Denys n'était pas Denys; au lieu
que les enfans des hommes vicieux et méchans sont
une dérivation de l'essence même de leurs pères. Ce
qu'il y avait dans ceux-ci de principal, ce qui vivait, ce qui se nourrissait, ce qui pensait et parlait,
est précisément ce qu'ils ont donné à leurs fils : il ne
doit donc point sembler étrange ni difficile à croire
qu'il y ait entre l'être générateur et l'être engendré
une sorte d'identité occulte, capable de soumettre
justement le second à toutes les suites d'une action
commise par le premier.

XXXI. Que doit-on appeler *bon* dans la médecine? c'est ce qui guérit; et l'on rirait à bon droit
de celui qui reprocherait au médecin de commettre
une injustice envers la jambe en la cautérisant pour
débarrasser la tête ou la poitrine, ou qui blâme-
rait les opérations de la chirurgie comme cruelles
ou immorales. Or il me semble qu'on ne doit pas
trouver moins ridicule celui qui croirait que, dans
la médecine spirituelle, c'est-à-dire dans les châtimens divins, il peut y avoir autre chose de *bon*
que ce qui guérit les vices qui sont les maladies de
l'âme. Celui-là sans doute aurait oublié que souvent
un maître d'école, en châtiant un écolier, retient
tous les autres dans le devoir, et qu'un grand capitaine en faisant décimer ses soldats peut ramener
le reste à l'obéissance et sauver l'Etat; comme le
chirurgien peut sauver les yeux en ouvrant la veine

du bras ou de la jambe. Il y a entre les âmes
comme entre les corps une véritable communication de mouvement *, de manière qu'un seul coup
frappé sur une âme par la main divine peut se pro-
pager sur d'autres, par des chocs successifs, jusqu'à des bornes que nous ignorons. *

XXXII. Tout ce raisonnement, au reste, suppose l'immortalité de l'âme ; car il suppose que
Dieu nous distribue les biens et les maux suivant
nos mérites. Or c'est la même chose de soutenir
que Dieu se mêle de la conduite des hommes, ou
de soutenir que nos âmes sont immortelles : car
s'il n'y avait en nous rien de divin, rien qui lui
ressemblât, c'est-à-dire, rien d'immortel ; et si les
âmes humaines devaient se succéder comme les
feuilles dont la chute a fourni une si belle comparaison au divin Homère (Note XIX), Dieu
ne daignerait pas s'occuper de nous : mais puisqu'au contraire il s'en occupe sans relâche, * puisqu'il ne cesse de nous instruire, de nous menacer,
de nous écarter du mal, de nous rappeler au bien,
de châtier nos vices, de récompenser nos vertus,
c'est une marque infaillible * qu'il ne nous a pas
créés comme des plantes éphémères et qu'il ne se
borne pas à conserver un instant nos âmes *fraîches
et verdoyantes*, s'il est permis de s'exprimer ainsi,
dans une vile chair, comme les femmes attachées
aux jardins d'Adonis conservent, à ce qu'on dit,
les fleurs dans de fragiles vases de terre (32) ;

_____

(32) Un passage curieux de Platon permettrait de

mais qu'il a mis dans nous une véritable racine
de vie, qui doit un jour germer dans l'immortalité. *

« Il faut, disait Platon, croire en tout les législa-
« teurs, mais particulièrement sur l'âme, lorsqu'ils
« nous disent qu'elle est totalement distincte du
« corps et que c'est elle qui est le *moi*; que notre
« corps n'est qu'une espèce de fantôme qui nous
« suit;... que le *moi* de l'homme est véritablement
« immortel; que c'est ce que nous appelons *âme*,
« et qu'elle rendra compte aux Dieux, comme l'en-
« seigne la loi du pays; ce qui est également con-
« solant pour le juste et terrible pour le méchant.
« Nous ne croirons donc point que cette masse de
« chair que nous enterrons soit *l'homme*, sachant
« que ce fils, ce frère, etc. que nous croyons inhu-
« mer est réellement *parti* pour un autre pays,
« après avoir terminé ce qu'il avait à faire dans
« celui-ci * (33). »

XXXIII. Et voyez comment toutes les cérémonies
de la Religion supposent l'immortalité. Elle nous
avertit de courir aux autels dès qu'un homme a

---

croire que les hommes préposés à ces jardins possé-
daient le secret de produire une végétation artificielle
véritablement merveilleuse, puisqu'ils auraient pu en
huit jours porter à l'état de maturité parfaite *les fruits
les plus chers à l'agriculture*. (Plat. in Phedr. Opp. t. X.
p. 383).

(33) *Plato de leg.* XII. Opp. tom. IX, edit. Bip. p.
212, 213. *Quem putamus periisse præmissus est.* (Sen.
Ep. mor. CII).

quitté cette vie , et d'y offrir pour lui des oblations
et des sacrifices expiatoires. Les honneurs de toute
espèce rendus à la mémoire des morts attestent la
même vérité (Note XX.). Croira qui voudra que
ces autorités nous trompent ! Quant à moi , avant
qu'on me fasse convenir que l'âme ne survit point
au corps , il faudra qu'on renverse le trépied pro-
phétique de Delphes , d'où la Pythie rendit autrefois
cet oracle à un certain Callondas de Naxos :

Croire l'esprit mortel , c'est outrager les Dieux.

XXXIV. Ce Callondas avait tué un personnage
consacré aux Muses, nommé Archiloque. Pour ex-
cuser son crime , et pour en obtenir le pardon , il se
présenta d'abord à la Pythie , qui d'abord rejeta sa
demande ; mais étant revenu à la charge , la prophé-
tesse lui ordonna de s'en aller dans un lieu situé
près de la ville de Ténare , où l'on avait coutume de
conjurer et d'évoquer les âmes des morts , et là d'a-
paiser celle d'Archiloque par des oblations et des
sacrifices ; et de même, Pausanias ayant péri à
Sparte , par décret des Ephores , de la manière que
tout le monde connaît, les Spartiates , troublés par
certaines apparitions , recoururent à l'oracle, qui
leur conseilla de chercher les moyens d'apaiser
l'âme de leur roi. Et en effet, ayant fait chercher
jusques en Italie des sacrificateurs et des exorcistes
habiles dans l'art d'évoquer les morts, ceux-ci parvinrent par leurs sacrifices à chasser l'esprit de
Pausanias de ce temple , * dont les Ephores avaient
détruit le toit et muré la porte pour l'y faire mourir
de faim et de souffrances. *

XXXV. C'est donc absolument la même chose qu'il y ait une Providence et que l'âme humaine ne meure point; car il n'est pas possible que l'une de ces vérités subsiste sans l'autre. Si donc l'âme continue d'exister après la mort, on conçoit aisément qu'elle soit punie ou récompensée, et toute la question ne roule que sur la manière. Or, cette vie n'étant qu'un combat perpétuel (34), c'est seulement après la mort que l'âme peut recevoir le prix qu'elle aura mérité; mais personne ne sait ce qui se passe dans l'autre monde, et plusieurs même n'y croient pas; de manière que tout cela est nul pour l'exemple et pour le bon ordre du monde : au contraire la vengeance, exercée d'une manière visible sur la postérité des coupables, frappe tous les yeux et peut retenir une foule d'hommes prêts à se livrer au crime.

XXXVI. Il est certain, de plus, qu'il n'y a pas de punition plus cruelle et plus ignominieuse que celle de voir nos descendans malheureux par notre faute (35). Représentons-nous l'âme d'un méchant

---

(34) *Car nous avons à combattre, non contre des hommes de chair et de sang, mais contre les puissances de ce siècle ténébreux*, etc. Ephes. VI. 12.

(35) *Les âmes des morts ont une certaine force, en vertu de laquelle elles prennent toujours intérêt à ce qui se passe dans ce monde : cela est certain, quoique la preuve exige de longs discours ; mais il faut croire ces choses sur la foi des législateurs et des traditions antiques, à moins qu'on n'ait perdu l'esprit* (Plat. de Leg. XI, tom. IX, pag. 150.). Il ajoute : *Que les tuteurs craignent donc les dieux*

homme, ennemi des dieux et des lois, voyant après sa mort, non sa mémoire outragée, non ses images et ses statues abattues; mais ses propres enfans, ses amis, ses parens ruinés et affligés pour lui, accablés par sa faute de misères et de tribulations. On ne saurait imaginer un plus grand supplice; et si cet homme pouvait revenir à la vie, il renoncerait aux honneurs divins, si on les lui offrait, plutôt que de s'abandonner encore à l'injustice ou à la luxure qui l'ont perdu (36.)

XXXVII. Le philosophe Bion dit que si Dieu punissait les enfans des coupables pour les crimes de leurs pères, il ne serait pas moins ridicule qu'un médecin qui administrerait un remède au petit-fils pour guérir le grand-père : mais cette comparaison qui a quelque chose d'éblouissant au premier coup d'œil, n'est cependant qu'un sophisme évident. En premier lieu il ne s'agit point de *guérir* le grand-

---

avant tout, et ensuite les âmes des pères ! L'orphelin n'aura rien à craindre de celui qui croira ces vérités. Ibid. pag. 151. Législateurs, écoutez bien.

(36) On lirait ici dans le texte : Οὐδεὶς ἂν ΑΓΑΠΕΙΣΕΙΕΝ κ. τ. λ. , ce qui ne saurait s'expliquer grammaticalement. Je dois à l'obligeante politesse de M. *Koëhler*, conseiller-d'Etat, bibliothécaire de S. M. I. , et directeur du cabinet impérial d'antiquités à St-Pétersbourg, la connaissance d'une très-heureuse correction fournie par M. *Coraï*, qui nous avertit dans ses notes sur Héliodore (p. 43), qu'il faut lire : Οὐδεὶς ἂν ΑΝΑΠΕΙΣΕΙΕΝ, ce qui ne souffre pas de difficulté. Le sens, au reste, étant aisé à deviner, ma traduction l'avait rendu d'avance.

père, qui est censé même ne plus exister ; il s'agit de punir et nous avons vu que le spectacle de sa postérité, souffrante à cause de lui, remplissait parfaitement ce but. En second lieu, le remède administré à un malade est inutile à tous les spectateurs; mais lorsqu'on voit au contraire la postérité du méchant obligée d'avaler jusqu'à la lie le calice amer de la douleur pour les crimes d'un père coupable, les témoins de ces terribles jugemens prennent garde à eux ; ils s'abstiennent du vice, ou tâchent de s'en retirer. Enfin, et c'est ici la raison principale, une infinité de maladies nullement incurables de leur nature le deviennent cependant par l'intempérance du malade, qui périt à la fin victime de ses propres excès. Or, si le fils de ce malheureux manifeste quelques dispositions, même très-éloignées, à la même maladie qui a tué son père, le tuteur ou le maître qui s'en aperçoit l'assujettira sagement à une diète austère ; il le privera de toute superfluité de mets et de la société des femmes ; il le forcera même à prendre des remèdes préservatifs ; il le soumettra à des travaux pénibles, à de rudes exercices, pour essayer, par cette réunion de moyens, d'extirper de son corps le germe de la maladie qui s'est montrée de loin. Et ne conseillerons-nous pas tous les jours à ceux qui sont nés de parens cacochymes, de prendre bien garde à eux, de veiller de bonne heure sur les moindres symptômes alarmans, pour détruire la racine du mal avant qu'il ait pris des forces ?

XXXVIII. Il s'en faut donc que nous agissions

contre la raison en prescrivant un régime extraordinaire et même des remèdes pénibles aux enfans
des personnes attaquées de la goutte, de l'épilepsie
ou autres maladies semblables. Nous ne les traitons
point ainsi parce qu'ils sont malades, mais de
peur qu'ils ne le deviennent. C'est par un très-grand
abus de termes qu'on appellerait ces sortes de trai-
temens, du nom de *punitions*. Un corps né d'un
autre corps vicié doit *être pansé* et *guéri*, mais
non *châtié*. Que si un homme est assez lâche pour
donner à ces remèdes le nom de *châtimens*,
parce qu'ils sont douloureux ou qu'ils le privent
de quelques plaisirs grossiers, il faut le laisser
dire ; il ne mérite pas qu'on s'occupe de lui.
Or, s'il est utile et raisonnable de médicamenter
un corps, uniquement parce qu'il provient d'un
autre qui fut jadis gâté et maléficié, pourquoi le
serait-il moins d'extirper dans l'âme d'un jeune
homme, le germe d'un vice héréditaire, lorsque
ce vice commence seulement à poindre ? Vaut-il
donc mieux permettre à ce vice de se développer
sans obstacle, jusqu'à ce que la fièvre des passions se rende plus forte que tous les remèdes,
et que le malade, devenu tout-à-fait incurable,
découvre enfin à tous les yeux *le fruit honteux
mûri dans son cœur insensé*, comme dit encore
Pindare ? Croyez-vous que Dieu n'en sache pas
autant qu'Hésiode qui nous a laissé ce précepte ?

Prudent époux, crains de devenir père,
Quand tu reviens du bûcher funéraire ;
Attends la fin de nos banquets joyeux,
Faits en l'honneur des habitans des cieux.

* Ainsi les anciens sages croyaient que de simples idées lugubres, trop fraîchement excitées dans l'esprit d'un père au moment où il donnait la vie, pouvaient influer en mal sur le caractère et la santé de son fils. On peut donc aisément juger de ce qu'ils pensaient des vices et des excès honteux, qui ne troublent pas seulement l'âme d'une manière passagère, mais qui la changent et la dégradent jusque dans son essence. Platon était pénétré de ces vérités lorsqu'il disait : « Tâ- « chons de rendre les mariages saints, autant « qu'il est au pouvoir humain; car les plus saints « sont les plus utiles à l'état (37). » Tout occupé de ce sujet, Platon remonte jusqu'au banquet nuptial, qui ne lui paraît pas, à beaucoup près, une chose indifférente. « Qu'il soit pré- « sidé, dit-il, par la décence, et que l'ivresse en « soit bannie. Les époux surtout doivent jouir d'une « parfaite tranquillité d'esprit dans ce moment « solennel où il se fait un si grand changement « dans leur état. Que la sagesse veille toujours « de part et d'autre; car personne ne connaît « la nuit ni le jour où la reproduction de l'homme « s'opérera *avec l'assistance divine* (38). Un « homme ivre n'est point du tout propre à se re- « produire ; il est dans un véritable état de dé- « mence qui affecte l'esprit autant que le corps...

---

(37) Plat. de Rep. Opp. ed. tom. VII, p. 22.

(38) Σὺν Θιά. Id. de Leg. VI. Opp. tom. VIII, pag. 298, 299.

« Si dans un tel état il a le malheur de devenir
« père, il y a tout à parier qu'il aura des enfans
« faibles, mal constitués, et qui, dans l'un et
« l'autre sens, *ne marcheront jamais droit* (39).
« Il est donc de la plus haute importance que les
« époux, durant leur vie entière, mais surtout
« dans le temps où ils peuvent se donner des en-
« fans, ne se permettent rien de criminel, ni rien
« qui de sa nature soit capable de produire dans
« le corps des désordres physiques ; car ces vices
« transmis par la génération, s'impriment dans
« l'âme comme dans le corps des descendans qui
« naissent dégradés. Il n'y a donc rien de plus
« essentiel pour les époux que d'être purs, le
« jour surtout et là nuit des noces ; *car nous*
« *portons tous dans notre essence la plus intime*
« *un principe et un Dieu qui mène tout à bien,*
« *s'il est respecté et honoré comme il doit l'être*
« *par ceux qui jouissent de son influence* *
(Note XXI). »

XXXIX. * Mais quoique l'hérédité des maladies
et des vices soit une vérité incontestable, recon-
nue par les plus grands personnages, et même
par la tradition universelle, * on se tromperait
cependant beaucoup si l'on regardait cette hérédité comme quelque chose de régulier et d'instan-
tané, de manière que le fils succédât immédiatement aux maux et aux vices, comme au patri-

(39) Ουδεν ευθυπορην ηθος ουδε σωμα. Plat. ibid. de
Leg. VI. Opp. tom. VIII, pag. 299.

moine de son père. Les petits de l'ours et du tigre présentent en naissant toutes les qualités et toutes les inclinations de leur espèce d'autant qu'ils obéissent à un instinct aveugle, et que rien ne déguise ces qualités naturelles. Il n'en est pas ainsi de l'homme, à raison même de sa perfection ; car il manifeste sa supériorité jusque dans ce qu'il a et dans ce qu'il fait de mauvais. Le mal chez lui est toujours accidentel et contre nature : quoique perverti, il obéit toujours plus ou moins à la raison et à la loi : l'opinion lui en impose, la coutume le mène : lorsqu'il est tenté par des inclinations corrompues sa conscience les combat ; et lors même qu'il a succombé, le sentiment du beau moral survivant à l'innocence, il se jette souvent dans l'hypocrisie, se donnant ainsi un nouveau vice pour jouir encore des honneurs de la vertu après qu'il a cessé de les mériter ; mais nous qui ne voyons point ces combats intérieurs ou ces ruses criminelles, nous ne croyons point aux coupables avant d'avoir vu les crimes ; ou plutôt nous croyons, par exemple, qu'il n'y a d'homme injuste que celui dont la main s'est portée sur le bien d'autrui ; d'homme emporté, que celui qui vient d'outrager quelqu'un ; d'homme lâche, que celui que nous avons vu s'enfuir du champ de bataille. C'est là cependant une *simplesse* égale à celle de croire que l'aiguillon du scorpion ne s'engendre dans le corps de cet animal qu'au moment où il pique, ou que le venin de la vipère naît de même tout à coup au moment où elle

mord. Un méchant ne le devient point au moment
où il se montre tel ; mais il porte en lui-même une
malice originelle , qui se manifeste ensuite lorsqu'il
en a le moyen , le pouvoir et l'occasion (40). Mais
Dieu , qui n'ignore point le naturel et l'inclination
de chaque homme (les esprits lui étant connus
plus que les corps) , n'attend pas toujours , pour
châtier , que la violence lève le bras , que l'impu-
dence prenne la parole , ou que l'incontinence
abuse des organes naturels ; car cette manière
de punir ne serait pas au-dessus d'un tribunal
humain : Dieu , lorsqu'il punit , n'a point à se
venger comme nous : l'homme le plus inique ne lui
fait aucun tort. Le ravisseur ne lui ôte rien, l'adultère ne l'outrage point. Il ne punit donc l'avare ,
l'adultère , le violateur des lois , que par manière
de remède ; et souvent il arrache le vice, comme il
guérirait le haut-mal avant le paroxisme. Tantôt
on se plaint de ce que les méchans sont trop lentement punis , et tantôt on trouve mauvais que
Dieu réprime les inclinations perverses de certains
hommes , avant qu'elles aient produit leurs fu-
nestes effets ; c'est une singulière contradiction !
Nous ne voulons pas considérer que l'avenir est
souvent pire et plus dangereux que le présent :
qu'il peut être plus utile à un certain homme que
la Justice divine l'épargne après qu'il a péché ,

---

(40) *Occasiones hominem fragilem non faciunt, sed
qualis sit ostendunt.* L'occasion ne rend point l'homme
fragile ; elle montre qu'il l'est (*de Imit.* c. I. 16, 4.).

4.

tandis qu'il vaut mieux pour un autre qu'il soit prévenu et châtié avant qu'il ait pu exécuter ses pernicieux desseins. La même loi se retrouve encore dans la médecine matérielle; car souvent le remède tue le malade, et souvent aussi il sauverait un homme qui a toutes les apparences de la santé, et qui est cependant plus en danger que l'autre.

XL. Et l'on voit encore ici la raison pourquoi les dieux ne rendent pas toujours les enfans responsables des fautes de leurs pères ; car s'il arrive qu'un enfant bon naisse d'un père mauvais, comme il peut arriver qu'un fils sain et robuste naisse d'un père maladif, ce fils pourra se voir exempté des peines de la race : car il est bien de la famille, mais il est étranger au vice et à la dette de la famille ; * comme un fils qui se serait prudemment abstenu de l'hoirie d'un père dissipateur ; tandis que le jeune homme, qui s'est volontairement *mêlé* à la malice héréditaire, sera tenu au châtiment des crimes comme aux dettes de la succession*(41). Nous ne devons donc point nous étonner de voir figurer dans l'histoire de fameux coupables dont les fils n'ont point été punis, parce que ceux-ci étaient eux-mêmes de fort honnêtes gens ; mais quant à ceux qui avaient reçu, aimé et reproduit les vices de leurs pères, la Justice divine les a très-justement punis de cette ressemblance.

---

(41) *Que l'iniquité de ses pères revive aux yeux du Seigneur, et que le péché de sa mère ne soit point effacé !* (Ps. CVIII, 14.)

XLI. Il arrive assez souvent que des verrues, des taches, et même des accidens plus essentiels de conformation, de goût ou de tempérament, ne sont point transmis du père au fils, et que nous les voyons ensuite reparaître dans la personne d'un descendant plus éloigné : nous avons vu une femme grecque, qui avait accouché d'un négrillon, mise en justice comme coupable d'adultère ; puis il se trouva, vérification faite, qu'elle descendait d'un Ethiopien à la quatrième génération. Python de Nisibie passait pour être de la race de ces Thébains primitifs, fondateurs et premiers maîtres de Thèbes, que nous appelions *les Sémés*, parce qu'ils étaient nés des dents du dragon que Cadmus avait semées après l'avoir tué : or le dernier fils de ce Python, que nous avons vu mourir de nos jours, portait naturellement sur son corps la figure d'une lance, qui distinguait tous les membres de cette famille et qui reparut ainsi après un très-long intervalle de temps. * Comme un corps retenu au fond de l'eau contre la loi de sa masse, remonte tout à coup, et se montre à la surface dès que l'obstacle est écarté,* de même certaines passions, certaines qualités morales, particulières à une famille, demeurent souvent comme enfoncées par la pression du temps ou de quelque autre agent inconnu ; mais si, par l'action de quelque autre cause non moins inconnue, elles viennent à se dégager, on les voit tout de suite reprendre leurs places (42) et la famille

---

(42) 'Αναδύση (τῆς λύγχης) ὥσπερ ἐκ βυθȣ.

montre de nouveau le signe bon ou mauvais qui la distingue.

XLII. L'histoire suivante se place naturellement à la fin de ce discours. J'aurai l'air peut-être de raconter une fable imaginée à plaisir; mais, après avoir épuisé tout ce que le raisonnement me présentait de plus vraisemblable sur le sujet que je traite, je puis bien réciter ce conte (si cependant c'est un conte), tel qu'il me fut fait il y a très-peu de temps (43).

Histoire de Thespésius (Note XXII).

Il y avait naguères à Soli en Cilicie un homme appelé Thespésius, grand ami de ce Protogène qui a vécu long-temps à Delphes avec moi et quelques amis communs. Cet homme ayant mené dans sa première jeunesse une vie extrêmement dissolue, perdit tout son bien en très-peu de temps; de manière qu'après avoir langui quelque temps dans la misère, il se corrompit entièrement et tâcha de recouvrer par tous les moyens possibles la fortune qui lui avait échappé : semblable en cela à ces libertins qui dédaignent et rejettent même une femme estimable pendant qu'ils la possèdent légitimement, et qui tâchent ensuite, lorsqu'elle a épousé un autre homme, de la séduire pour en jouir criminellement. Thespésius employant donc

---

(43) Voyez la fin du chap. XXXVI, dans le texte.

sans distinction tous les moyens capables de le
conduire à ses fins, il amassa en peu de temps
non pas beaucoup de biens, mais beaucoup de
honte, et sa mauvaise réputation augmenta encore
par une réponse qu'il reçut de l'oracle d'Amphi-
loque, auquel il avait fait demander si lui, Thespésius, mènerait à l'avenir une meilleure vie. La
réponse fut *que les choses iraient mieux après sa
mort* (44). Ce qui parut généralement signifier qu'il
ne devait cesser d'empirer jusqu'à la fin de sa vie.

XLIII. Mais bientôt l'événement expliqua l'oracle : car étant tombé peu après d'un lieu élevé, et
s'étant fait à la tête une forte contusion sans frac-
ture, il perdit connaissance et demeura trois
jours dans un état d'insensibilité absolue, au point
qu'on le crut mort ; mais lorsqu'on faisait déjà les
apprêts des funérailles, il revint à lui ; et ayant
bientôt repris toute sa connaissance, il se fit un
changement extraordinaire dans toute sa conduite :
car la Cilicie entière atteste que jamais on ne
connut une conscience plus délicate que la sienne
dans toutes les affaires de négoce et d'intérêt, ni
de piété plus tendre envers les dieux ; que jamais
on ne vit d'ami plus sûr, ni d'ennemi plus redou-
table (Note XXIII) ; de manière que ceux qui
l'avaient connu particulièrement dans les temps
passés désiraient fort apprendre de lui-même la
cause d'un changement si grand et si soudain : car

---

(44) Ὅτι πράξει βέλτιον ὅταν ἀποθάνῃ.

ils se tenaient pour sûrs qu'un tel amendement,
après une vie aussi licencieuse, ne pouvait s'être
opéré par hasard ; ce qui était vrai en effet,
comme il le raconta lui-même, de la manière
suivante, à ce Protogène dont je viens de parler,
et à quelques autres de ses amis. (45).

XLIV. Au moment même où l'esprit quitta le
corps, le changement qu'éprouva Thespésius le
mit précisément dans la situation où se trouverait
un pilote qui serait jeté de son bord au fond de la
mer. S'étant ensuite un peu remis, il lui sembla
qu'il commençait à respirer parfaitement et à regar-
der autour de lui, son âme s'étant ouverte comme
un œil : mais le spectacle qui se présenta à ses re-
gards était entièrement nouveau pour lui. Il ne vit
que des astres d'une grandeur immense et placés
les uns à l'égard des autres à des distances infinies; des rayons d'une lumière resplendissante et
admirablement colorée partaient de ces astres,

_____

(45) Plutarque parle-t-il ici comme un homme persuadé, ou veut-il seulement donner à son récit un plus
grand air de vraisemblance ? c'est ce qu'il n'est pas aisé
de décider; j'observe seulement que ce n'est point du
tout la même question de savoir si le conte est vrai ou si
Plutarque y croyait. Platon, à la fin du *Gorgias*,
s'explique dans une occasion semblable, à peu près
comme Plutarque : *Vous croirez peut-être que c'est un
conte, mais pour moi c'est une histoire, et je vous donne
ses choses pour vraies.* (Opp. tom. IV. p. p. 164, 164.)

et avaient la force de transporter l'âme en un
instant partout où elle voulait aller, comme un
vaisseau cinglant à pleines voiles sur une mer tranquille. Laissant à part une infinité de choses qu'il
avait observées alors, il disait que les âmes de
ceux qui mouraient ressemblaient à des bulles de
feu montant au travers de l'air qui leur cédait le
passage ; et ces bulles venant à se rompre les unes
après les autres, les âmes en sortaient sous une
forme humaine. Les unes s'élançaient en haut et
en droite ligne, avec une rapidité merveilleuse ;
d'autres tournaient sur elles-mêmes comme des
fuseaux, montaient de plus ou descendaient alter-
nativement ; de manière qu'il en résultait un mouvement confus, qui s'arrêtait difficilement et après
un assez long temps.

XLV. Thespésius, dans la foule de ces âmes,
n'en connut que deux ou trois, dont il s'efforça de
s'approcher pour leur parler ; mais elles ne l'enten-
daient point. Etant comme étourdies et privées de
sens, elles fuyaient toute espèce de vue et de contact ; errantes çà et là et d'abord seules, mais venant ensuite à en rencontrer d'autres disposées de
la même manière, elles s'embrassaient étroitement
et s'agitaient ensemble de part et d'autre, au hasard, en poussant je ne sais quel cri inarticulé,
mêlé de tristesse et d'effroi. D'autres âmes, au
contraire, parvenues aux plus hautes régions de
l'air, étaient brillantes de lumière et se rappro-
chaient souvent les unes des autres par l'effet d'une
bienveillance mutuelle, tandis qu'elles fuyaient la

foule tumultueuse des premières ; donnant suffisamment à entendre, par cette fuite ou ce rapprochement, la peine ou le plaisir qu'elles éprouvaient. Parmi ces âmes fortunées il aperçut celle
d'un de ses parens, qu'il ne connut pas d'abord,
parce qu'il était encore dans l'enfance lorsque ce
parent mourut. Mais l'âme, s'approchant de lui,
le salua en lui disant : *Dieu te garde*, *Thespésius !*
A quoi celui-ci répondit tout étonné, *qu'il s'appelait Aridée et non* Thespésius. *Auparavant, reprit
l'autre, il en était ainsi ; mais à l'avenir on te
nommera Thespésius* (le divin) ; *car tu n'es
point encore mort. Seulement, par un ordre particulier de la destinée, tu es venu ici avec la
partie intelligente de ton âme, laissant l'autre
dans ton corps pour en être la gardienne* (46). *La
preuve que tu n'es point ici totalement séparé de
ton corps, c'est que les âmes des morts ne produisent aucune ombre, et que leurs paupières ne
clignotent point* (47). Ces paroles ayant engagé

---

(46) J'adopte la leçon de Ruhnkenius, qui lisait
οἰκουρόν, au lieu de γκύριον, (Myt. p. 89.). La leçon
commune n'est pas cependant absolument rejetable :
elle peut signifier que l'âme sensible ou animale était
demeurée dans le corps *comme une ancre*, que l'autre
saisissait pour revenir.

(47) Plutarque a dit ailleurs (*de Is. et Osir.* XLIV.),
« qu'après la destruction finale du mauvais principe,
« les hommes seront très-heureux ; qu'ils n'auront plus
« besoin de nourriture, *et ne donneront plus d'ombre.* »

Thespésius à se recueillir davantage et à se rendre
compte de ce qu'il voyait, en regardant autour de
lui il observa que son ombre se projetait légèrement à ses côtés (Note XXIV), tandis que les
autres âmes étaient environnées d'une espèce d'at-
mosphère lumineuse, et qu'elles étaient d'ailleurs
transparentes intérieurement, non pas toutes néanmoins au même degré ; car les unes brillaient
d'une lumière douce et égale comme une belle
pleine lune dans toute sa sérénité : d'autres lais-
saient apercevoir çà et là quelques taches obscures,
semblables à des écailles ou à de légères cicatrices.
Quelques-unes, tout-à-fait hideuses, étaient tique-
tées de noir comme la peau des vipères ; d'autres
enfin avaient la face légèrement ulcérée (48).

C'est, au pied de la lettre, notre *corps glorieux*. En
effet, *comme il y a un corps pour* l'âme (ψυχικόν), *il y en
a aussi un qui est pour* l'esprit (Πνευματικόν), (I. Cor.
XV, 44.). Suivant l'hypothèse admise dans cet endroit
de l'histoire de Thespésius, l'âme intelligente, quittant
le corps accidentellement, avant d'en être absolument
séparée par la mort, n'est point encore entièrement
dégagée de tout alliage grossier, ni par conséquent
entièrement transparente : c'est ce qu'il faut soigneusement observer, autrement on verrait ici, au lieu
d'une erreur ou d'un paradoxe, une contradiction qui
n'y est point.

(48) Ici encore le texte n'est pas susceptible d'une traduction incontestablement juste. Heureusement l'obscurité n'est dans ce cas d'aucune importance.

XLVI. Or ce parent de Thespésius disait que la
déesse *Adrastée* (49), fille de Jupiter et de la Nécessité, avait dans l'autre monde la plénitude de
la puissance pour châtier toute espèce de crimes,
et que jamais il n'y eut un seul méchant, grand
ou petit, qui par force ou par adresse eût pu
échapper à la peine qu'il avait méritée. Il ajoutait
qu'Adrastée avait sous ses ordres trois exécutrices
entre lesquelles était divisée l'intendance des supplices. La première se nomme *Pœné* (5o). Elle
punit d'une manière douce et expéditive ceux qui
dès cette vie ont été déjà châtiés matériellement
dans leurs corps : elle ferme les yeux même sur
plusieurs choses qui auraient besoin d'expiation.
Quant à l'homme, dont la perversité exige des remèdes plus efficaces, le Génie des supplices le
remet à la seconde exécutrice qui se nomme
Dicé (51), pour être châtié comme il le mérite ;
mais pour ceux qui sont absolument incurables,
Dicé les ayant repoussés, *Erinnys* (52), qui est
la troisième et la plus terrible des assistantes *d'A-*
drastée, court après eux, les poursuit avec fureur,
fuyans et errans de tout côté en grande misère et
douleur, les saisit et les précipite sans miséricorde dans un abîme que l'œil humain n'a jamais

---

(49) L'*inévitable*,
(5o) La *peine*, le *châtiment*.
(51) La *Justice.*
(52) La *Furie*, l'*agitatrice*.

sondé et que la parole ne peut décrire (Note XXV).
La première de ces punitions ressemble assez à
celle qui est en usage chez les Barbares. En Perse,
par exemple, lorsqu'on veut punir certaines fautes,
on ôte au coupable sa robe et sa tiare, qui sont
dépilées et frappées de verges en sa présence, tandis
que le malheureux, fondant en larmes, supplie
qu'on veuille bien mettre fin à ce châtiment. Il
en est de même des punitions divines : celles qui
ne tombent que sur le corps ou sur les biens
n'ont point cet aiguillon perçant qui atteint le vif
et pénètre jusqu'au vice même : de sorte que la
peine n'existe proprement que dans l'opinion
et n'est que purement extérieure ; mais lorsqu'un
homme quitte le monde sans avoir même souffert
ces sortes de peines, de manière qu'il arrive ici
sans être nullement purifié, Dicé le saisit, pour
ainsi dire, nu et mis à découvert jusque dans le
fond de son âme, n'ayant aucun moyen de sous-
traire à la vue ou de pallier sa perversité. Il est
visible au contraire et à tous, et tout entier et de
tout côté. L'exécutrice montre d'abord le coupable à ses parens, gens de bien (s'il en a qui
aient été tels), comme un objet de honte et de
mépris, indigne d'avoir reçu d'eux la vie. Que
s'ils ont été méchans comme lui, il assiste à leurs
tourmens ; et lui, à son tour, souffre sous leurs
yeux et pendant très-long-temps, jusqu'à ce que
le dernier de ses crimes soit expié, des supplices
qui sont aux plus violentes douleurs du corps
ce que la réalité est au songe. Les traces et les

cicatrices de chaque crime subsistent même
encore après le châtiment, plus long-temps chez
les uns et moins chez les autres. « Or, me dit-il,
« tu dois faire grande attention aux différentes
« couleurs des âmes; car chacune de ces couleurs
« est significative. Le noir sale désigne l'avarice
« et toutes les inclinations basses et serviles. Le
« rouge ardent aunonce l'amère malice et la
« cruauté. Partout où tu verras du bleu, c'est
« la marque des crimes impurs, qui sont terribles
« et difficilement effacés (Note XXVI). L'envie et
« la haine poussent au-dehors un certain violet
« ulcéreux né de leur propre substance, comme la
« liqueur noire de la sèche. Pendant la vie de
« l'homme ce sont les vices qui impriment cer-
« taines couleurs sur son corps par les mouve-
« mens désordonnés de l'âme : ici c'est le con-
« traire, ces couleurs étrangères annoncent un
« état d'expiation, et par conséquent l'espoir
« d'un terme mis aux châtimens. Lorsque ces
« taches ont enfin totalement disparu, alors l'âme
« devient lumineuse et reprend sa couleur natu-
« relle; mais tandis qu'elles subsistent il y a
« toujours certains retours de passions, certains
« élancemens qui ressemblent à une fièvre, faible
« chez les uns et violente chez les autres : or dans
« cet état il en est qui, après avoir été châtiées à
« plusieurs reprises, reprennent enfin leur nature et
« leurs affections primitives; mais il en est aussi
« qui sont condamnées par une ignorance brutale
« et par l'empire des voluptés à revenir dans leur

« ancienne demeure , pour y habiter les corps de
« différens animaux ; car leur entendement faible
« et paresseux, n'ayant pas la force de s'élever
« jusqu'aux idées contemplatives et intellectuelles ,
« elles sont reportées par de honteux souvenirs
« vers le plaisir qui appartient à l'union des
« sexes (53) , et comme elles se trouvent encore
« dominées par le vice , sans en avoir retenu les
« organes (car il n'y a plus ici qu'un vain songe
« de volupté , qui ne saurait opérer aucune
« réalité) , elles sont ramenées sur la terre par
« cette passion toujours vivante, pour y assouvir
« leurs désirs au moyen des corps qui leur sont
« rendus. »

XLVII. Après ce discours le parent de Thespésius le mena rapidement à travers un espace infini,
mais d'une manière douce et aisée , le transportant
sur des rayons de lumière comme sur des ailes (54)
jusqu'à ce qu'ils fussent arrivés au bord d'un gouffre
profond , où il se trouva tout à coup abandonné
des forces dont il avait joui jusque-là ; et il vit
que les autres âmes étaient dans le même état ,
car elles se rassemblaient comme des oiseaux qui

---

(53) Il existe un mauvais livre intitulé *le Christianisme
aussi ancien que le monde*. On pourrait en faire un excellent sous le même titre.

(54) Ce passage et celui qu'on a lu plus haut (ch. 44)
supposent des idées analogues à celles que nous avons
sur l'émission et la progression excessivement rapide de
la lumière.

volént en troupes, ét tournant à l'entour elles
n'osaient entrer dans cette ouverture, qui ne res-
semblait pas mal aux antres de Bacchus, tapissés
de verts rameaux et de feuilles de toutes espèces.
Il en sortait un vent doux et suave, chargé d'une
odeur excessivement agréable, qui jetait ceux qui
la respiraient dans un état assez semblable à
l'ivresse. Les âmes qui en jouissaient étaient pé-
nétrées de joie. On ne voyait autour de l'autre que
danses bachiques, passe-temps et jeux de toutes
espèces. Le conducteur de Thespésius disait que
Bacchus avait passé par-là pour arriver parmi les
dieux; qu'ensuite il y avait amené Sémélé, et que
ce lieu se nommait *oubli*. Thespésius voulait y demeurer, mais son parent s'y opposa, et l'en arracha
même de force, en lui représentant que l'effet
immanquable de cette volupté qui l'attirait était
de ramollir, pour ainsi dire, et de dissoudre l'intelligence; de manière que la partie animale qui
est dans l'homme, se trouvant alors affranchie,
elle excitait en lui la souvenance du corps, de
laquelle naissait à son tour le désir de cette jouissance qu'on a justement appelée, dans la langue
grecque, d'un nom qui signifie *penchant vers la
terre* (Note XXVII), comme si elle changeait
la direction de l'âme en l'appesantissant vers la
terre (55).

---

(55) Il est extrêmement probable que Plutarque, initié
aux mystères de Bacchus, en fait ici une critique à mots
couverts et se plaint des abus.

XLVIII. Thespésius ayant parcouru un chemin aussi long que celui qui l'avait conduit là, il lui sembla voir un vaste cratère où venaient se verser plusieurs fleuves, l'un plus blanc que la neige ou que l'écume de la mer, et l'autre d'un rouge aussi vif que celui que nous admirons dans l'arc-en-ciel ; et d'autres fleuves encore, dont chacun montrait de loin une couleur différente, et chaque couleur un éclat particulier. Mais à mesure que les deux compagnons approchèrent du cratère, toutes les couleurs disparurent, excepté le blanc (Note XXVIII.). Trois génies, assis en forme de triangles, étaient occupés à mêler ces eaux selon certaines proportions. Le guide de Thespésius lui dit alors qu'Orphée avait pénétré jusqu'à cet endroit lorsqu'il vint chercher l'âme de sa femme ; mais qu'ayant mal retenu ce qui s'était présenté à ses yeux, il avait ensuite débité parmi les hommes quelque chose de très-faux ; savoir, qu'Apollon et la nuit répondaient en commun par l'oracle qui est à Delphes ; tandis qu'Apollon, qui est le soleil, ne saurait avoir rien de commun avec la nuit.

« Quant à l'oracle qui est ici, ajoutait le guide,
« il est bien véritablement commun à la lune et à
« la nuit ; mais il n'aboutit exclusivement à aucun
« point de la terre, et n'a pas de siége fixe ; il
« erre au contraire parmi les hommes, et se
« manifeste seulement au moyen des songes et
« des apparitions ; car c'est d'ici que les songes,
« mêlés, comme tu sais, de vrai et de faux,

« partent pour voltiger dans tout l'univers sur
« la tête des hommes endormis. Pour ce qui est
« de l'oracle d'Apollon, jamais tu ne l'as vu et
« jamais tu ne pourras le voir; car l'espèce d'action,
« qui appartient en plus ou en moins à la partie
« inférieure ou terrestre de l'âme, ne s'exerce
« jamais dans une région supérieure au corps
« qui tient cette âme dans sa dépendance » (56).
Disant ces mots, il tâcha, en faisant avancer Thespésius, de lui montrer la lumière qui partit primi-
tivement du trépied et se fixa ensuite sur le
Parnasse, en passant par le sein de Thémis
(Note XXIX); mais Thespésius, qui avait cependant grande envie de la contempler, ne put en
soutenir l'éclat éblouissant : il entendit néanmoins
en passant la voix aiguë d'une femme qui parlait
en vers et qui disait, entre autres choses, que
Thespésius mourrait à telle époque. Or le génie (57) déclara que cette voix était celle de la
Sibylle, qui chantait l'avenir, emportée dans
l'orbe de la lune. Thespésius aurait bien désiré en

---

(56) Tout helléniste de bonne foi qui réfléchira sur
le texte de ce chapitre, excessivement difficile et em-
brouillé (peut-être à dessein), trouvera, j'ose l'espérer,
que j'ai présenté un sens assez plausible.

(57) Quel génie ? Il n'est question auparavant que de
trois génies qui mêlaient les eaux. Si Plutarque voulait
parler du *Guide* ou du *Psychopompe*, il eût fallu
l'expliquer.

entendre davantage ; mais il fut repoussé par le tourbillon impétueux de la lune, qui le jeta du côté opposé, de manière qu'il entendit seulement une prédiction touchant l'éruption prochaine du Vésuve et la destruction de la ville de Pouzzoles, et ce mot dit sur l'empereur qui régnait alors :

Homme de bien, il mourra dans son lit (58).

XLIX. Thespésius et son guide s'avancèrent ensuite jusqu'aux lieux où les coupables étaient tourmentés ; et d'abord ils furent frappés d'un spectacle bien triste et bien douloureux ; car Thespésius, qui était loin de s'attendre à ce qu'il allait voir, fut étrangement surpris de trouver dans ce lieu de tourment ses amis, ses compagnons, ses connaissances les plus intimes, livrés à des supplices cruels et se tournant de son côté en poussant des cris lamentables. Enfin il y vit son propre père, sortant d'un gouffre profond, couvert de piqûres et de cicatrices, tendant les mains à son fils, forcé par les bourreaux chargés de le tourmenter à rompre le silence et à confesser malgré lui à haute voix que, pour enlever l'or et l'argent que portaient avec eux certains étrangers qui étaient venus loger chez lui, il les avait indignement assassinés ; que ce crime était

---

(58) Il s'agit de Vespasien, qui mourut en effet comme il s'en était rendu digne, *siccâ morte.*

demeuré absolument inconnu dans l'autre vie ;
mais qu'en ayant été convaincu dans le lieu où il
se trouvait, il avait déjà subi une partie de sa
peine, et qu'il était mené alors dans une région
où il devait subir l'autre. Thespésius, glacé de
crainte et d'horreur, n'osait pas même intercéder
et supplier pour son père ; mais sur le point de
prendre la fuite et de retourner sur ses pas, il ne
vit plus à ses côtés ce guide bienveillant qui l'avait
conduit précédemment : à sa place il en vit
d'autres d'une figure épouvantable, qui le contrai-
gnaient de passer outre, comme s'il avait été nécessaire qu'il vît encore ce qui se passait ailleurs.
Il vit donc les hommes qui avaient été notoirement coupables dans le monde, et punis comme
tels ; ceux-là étaient beaucoup moins douloureusement tourmentés. On avait égard à leur faiblesse
et à la violence des passions qui les avaient
entraînés : mais quant à ceux qui avaient vécu
dans le vice et joui, sous le masque d'une fausse
vertu, de la gloire que mérite la vraie, ils avaient
à leurs côtés des ministres de vengeance qui les
obligeaient à tourner en dehors l'intérieur de leurs
âmes ; comme ce poisson marin nommé *scolo-
pendre*, dont on raconte qu'il se retourne de la
mêmemanière pour se débarrasser de l'hameçon
qu'il a avalé. D'autres étaient écorchés et exposés
dans cet état par ces mêmes exécuteurs, qui
mettaient à découvert et faisaient remarquer le
vice hideux qui avait corrompu leurs âmes
jusque dans son essence la plus pure et la plus

sublime (59). Thespésius racontait qu'il en vit d'autres attachés et entrelacés ensemble, deux à deux, trois à trois ou davantage, à la manière des serpens, s'entre-dévorant de rage au souvenir de leurs crimes et des passions venimeuses qu'ils avaient nourries dans leurs cœurs. Non loin de là se trouvaient trois étangs; l'un était plein d'or bouillonnant, l'autre de plomb plus froid que la glace, et le troisième enfin d'un fer aigre. Certains démons préposés à ces lacs étaient pourvus d'instrumens, avec lesquels ils saisissaient les coupables et les plongeaient dans ces étangs ou les en retiraient, comme les forgerons traitent le métal. Ils plongeaient, par exemple, dans l'or brûlant les âmes de ceux qui s'étaient abandonnés pendant leur vie à la passion de l'avarice et qui n'avaient rejeté aucun moyen de s'enrichir; puis, lorsque la violence du feu les avait rendues transparentes, ils couraient les éteindre dans le plomb glacé; et lorsqu'elles avaient pris dans ce bain la consistance d'un glaçon, on les jetait dans le feu, où elles devenaient horriblement noires,

---

(59) Ne demandons point à Plutarque comment on peut écorcher des âmes. Quand on entend une morale de cette espèce il n'est pas permis de chicaner. Observons seulement en passant que, dans tout ce que l'antiquité nous raconte sur les habitans de l'autre monde, elle suppose toujours *qu'ils ont* et *qu'ils n'ont pas* des corps.

acquérant de plus une raideur et une dureté qui
permettait de les briser en morceaux. Elles per-
daient ainsi leur premiere forme, qu'elles venaient
bientôt reprendre dans l'or bouillant, souffrant
dans ces divers changemens d'épouvantables douleurs (60). Mais celles qui excitaient le plus de
compassion et qui souffraient le plus cruellement
étaient celles qui se croyant déjà relâchées, se
voyaient tout à coup reprises et ramenées au supplice; c'est-à-dire, celles qui avaient commis
des crimes dont la punition était retombée sur leur
postérité. Car lorsque l'âme de l'un de ces descendans arrive là, elle s'attache toute courroucée à
celle qui l'a rendue malheureuse; elle pousse des
cris de reproche et lui montre la trace des tourmens endurés pour elle. Alors la première voudrait
s'enfuir et se cacher, mais en vain; car les bourreaux se mettent à sa poursuite et la ramènent au
supplice. Alors la malheureuse jette des cris déses-
pérés, prévoyant assez tout ce qu'elle va souffrir.
Thespésius ajoutait qu'il avait vu une foule de ces
âmes groupées, à la manière des abeilles ou des
chauves-souris, avec celles de leurs enfans, qui ne
les abandonnaient plus et ne cessaient de murmu-
rer des paroles de douleur et de colère, au souvenir
de tout ce qu'elles avaient souffert pour les crimes
de leurs pères.

---

(60) Il est permis de croire que le Dante a pris dans
ce chapitre l'idée générale de son Enfer.

L. Enfin Thespésius eut le spectacle des âmes destinées à revenir sur la terre pour y animer les corps de différens animaux. Certains ouvriers étaient chargés de leur donner par force la forme convenable. Munis des outils nécessaires, on les voyait plier, élaguer ou retrancher même des membres entiers, pour obtenir la forme nécessaire à l'instinct et aux mœurs du nouvel animal. Parmi ces âmes il distingua celle de Néron, qui avait déjà souffert mille maux et qui était dans ce moment percé de clous enflammés. Les ouvriers se disposaient à lui donner la forme d'une vipère, dont les petits, à ce que dit Pindare, ne viennent au monde qu'en déchirant leur mère (Note XXX). Mais tout à coup il vit paraître une grande lumière, et il en sortit une voix qui disait : *Changez - la en une autre espèce d'animal plus doux ; faites-en un oiseau aquatique, qui chante le long des marais et des lacs. Il a déjà subi la peine de ses crimes, et les dieux lui doivent aussi quelque faveur pour avoir rendu la liberté à la nation grecque, la meilleure et la plus chère aux dieux parmi toutes celles qui lui étaient soumises* (Note XXXI).

LI. Jusque-là Thespésius n'avait été que spectateur ; mais sur le point de s'en retourner. il éprouva une frayeur terrible ; car il aperçut une femme d'une taille et d'une beauté merveilleuse. qui lui dit : *Viens ici, toi, afin que tu te souviennes mieux de tout ce tu as vu.* En même temps elle se disposait à le toucher avec une sorte de petite verge rougie au feu. toute semblable à celle dont

se servent les peintres (61) ; mais une autre femme
l'en empêcha : dans ce moment même Thespésius
se sentit poussé par un courant d'air impétueux,
comme s'il avait été chassé d'une sarbacane (62),
et se retrouvant dans son corps il ouvrit les yeux,
pareil à un homme qui se relèverait du tombeau.

---

(61) Il s'agit ici, suivant les apparences, d'une verge
de métal, qui servait, dans la peinture encaustique,
pour fondre et aplanir les cires. Cette circonstance, à
laquelle il paraît impossible de donner un sens caché,
semblerait prouver que Plutarque a raconté cette histoire de bonne foi, comme il la croyait, ou comme on
la lui avait racontée.

(62) Un militaire français, qui a fait une étude particulière de la ballistique des anciens, a prétendu qu'il
fallait entendre par cette *sarbacane* (Σύριγξ), *une machine à vent, dont on se servait, comme on fait encore
aujourd'hui, pour lancer un projectile, au moyen de l'air
comprimé* (Voyez la nouv. édit. d'Amyot, citée plus
haut, tom. IV, p. 491.). Je ne puis citer aucun texte à
l'appui de cette explication ; mais elle paraît extrêmement plausible en elle-même, et l'on doit d'ailleurs
beaucoup de confiance à un homme de l'art, qui a sû-
rement fait toutes les recherches nécessaires.

NOTES.

(Note I.)

CETTE comparaison des discours dangereux avec les traits qu'on lance à la guerre a plu extrêmement aux anciens, qui l'ont employée très-souvent. M. Wittenbach en cite une foule d'exemples dans l'édition qu'il a donnée de ce traité de Plutarque, par lequel il a préludé à l'excellent travail qu'il a exécuté depuis sur toutes les œuvres de cet illustre écrivain (*Lugd. Batav.* 1772, in-8.°, *in Animadv.*, p. 5, *seq.*). Il observe que le mot latin *dicere* n'est que le grec Δικεῖν, qui signifie *lancer*. Le mot *trait* offre dans notre langue un exemple semblable de l'analogie dont il s'agit ici.

(Note II.)

On ne saurait trop louer cette sage réserve, et c'est ainsi que doit parler la raison qui marche toute seule. Voilà cependant le grand anathème qui pèse sur la philosophie et qui la rend absolument incapable de conduire les hommes. En effet chaque raison individuelle, sentant parfaitement qu'elle n'a pas le droit de commander à une autre, est obligée, si elle a de la conscience, de reconnaître sa faiblesse. De là l'absolue nécessité des dogmes, que Sénèque a développée (Ep. 95) avec une supériorité de logique véritablement admirable. De là encore le danger de la philosophie seule, dont l'effet infaillible est d'accumuler les doutes, de briser l'unité nationale et d'éteindre l'esprit public en faisant diverger les esprits. *Sinè decretis omnia in animo natant. Necessaria ergò sunt decreta quæ dant animis inflexibile judicium* (Sen. ibid.). Il faut donc qu'il y ait une autorité contre laquelle personne n'ait le droit d'argumenter. *Jubeat, non disputet* (Id. Ep. qu.). *Raisonner*, disait saint Thomas, *c'est chercher ; et chercher toujours, c'est n'être jamais content.* Y a-t-il une misère semblable à celle de travailler toute sa vie pour douter ? Ne saurait-on douter à moindres frais ? Convenons, avec saint Augustin, « que la croyance est « la santé de l'esprit. » *Fides est sanitas mentis.*

(Note III.)

Plutarque se montre ici moins instruit des coutumes et de la jurisprudence des Romains qu'on n'aurait droit de l'attendre de l'auteur qui a composé le Traité des *Questions Romaines.* Il y avait à Rome trois manières d'affranchir un esclave, *le Cens, le Testament* et *la Baguette.* Pour ne parler que de la dernière dont il est question ici, le prêteur appuyant sur la tête de l'esclave une baguette qu'on nommait en latin *vindicta,* c'est-à-dire l'*adjudicatrice,* lui disait : *Je déclare cet homme libre, comme les Romains sont libres* (*). Puis, se tournant du côté du licteur, il lui disait : *Prends cette baguette et fais ton devoir, suivant ce que j'ai dit* (*). Le licteur ayant reçu la *vindicte* de la main du prêteur, en donnait un coup sur la tête de

---

(*) *Dico eum liberum esse more Quiritium.*
(*) *Secundùm tuam causam, sicuti dixi, ecce tibi vindicta.*

l'esclave ; puis il lui frappait de la main la joue et le dos , après quoi un secrétaire inscrivait le nom de l'affranchi dans le registre des citoyens. Ces formes étaient établies pour faire entendre aux yeux que cet homme, sujet naguères aux châtimens ignominieux de l'esclavage , en était affranchi pour toujours. La puissance publique le frappait pour annoncer qu'il ne serait plus frappé. On comprend de reste que ces actes n'étant que de pure forme , l'esclave était à peine touché ; de manière que Plutarque a cru qu'on *jetait* la baguette au lieu de frapper ; et Amyot a dit en suivant la même idée : *On lui jetait quelque menue verge* ; mais l'esprit de cette formalité, qui n'est pas douteux , n'a rien que de très-motivé et de très-raisonnable : il est encore rappelé de nos jours par le grand pénitencier de Rome , qui touche de la *vindicte* chrétienne le pénitent absous, pour lui déclarer qu'il a cessé d'être esclave (*Venumdatus sub peccato*. Rom. VII, 14), et que son nom vient d'être inscrit par le souverain spirituel au nombre des *hommes libres* ; car le *juste seul est libre* , comme le Portique l'a dit avant l'Evangile.

(Note IV.)

Plutarque paraît encore n'avoir pas étudié plus exactement la législation antique des testamens, chez les Romains, que celle des affranchissemens ou *manumissions*. Il y avait encore trois sortes de testamens : le premier se faisait en comices assemblés, *calatis comitiis* ; le second dans les rangs militaires , au moment du combat, *in procinctu* ; le troisième enfin dont il s'agit ici , et qui était une vente fictive , *par la monnaie et la balance* (*per æs et libram*). Le testateur se présentait avec celui qu'il voulait instituer héritier, et cinq témoins, devant le peseur public, qu'on appelait le *libripens*. Là l'héritier futur, tenant une monnaie de cuivre à la main, disait : *Je déclare que la famille de cet homme, que j'ai achetée avec cette monnaie et cette balance de cuivre, m'appartient selon le droit des Romains* (*) ; ensuite il frappait sur la balance avec la pièce de cuivre, comme pour appeler l'attention des témoins, et il la remettait au testateur qui accomplissait l'acte en acceptant le prix fictif ; formalité qui ne donnait cependant rien pour le moment, mais seulement le droit de succéder après la mort du testateur. Cette formalité, qui rappelle une antiquité antérieure à l'usage de la monnaie proprement dite, n'est pas plus déraisonnable que la précédente, quoiqu'elle ne s'accorde point avec nos idées actuelles ; mais pour la bien comprendre il faut savoir qu'un testament, se présentant à l'esprit des Romains comme une exception aux lois portées sur les successions légitimes, ils jugèrent que l'institution héréditaire devait reposer sur la même autorité. En conséquence, on la proposait au peuple assemblé en comices, précisément dans les formes d'une loi : *Veuillez et ordonnez, Romains, etc.* Cette forme solennelle étant fort embarrassante, on en chercha une autre plus expéditive, et les Romains imaginèrent de suppléer à la première par une vente imaginaire, sur laquelle Plutarque paraît s'être trompé de plus d'une manière. En premier lieu on a droit, ce me semble, de lui reprocher d'avoir donné comme une jurisprudence de son temps un vieil usage qui n'appartenait déjà plus alors qu'à l'histoire

---

(*) *Hujus ego familiam quæ mihi empta est hoc ære æneâque librâ jure Quiritium meam esse aio.*

ancienne de Rome. En second lieu il dit : *L'un est héritier et l'autre achète les biens*. C'est à peu près le contraire qu'il fallait dire pour s'exprimer clairement, car c'est bien l'acheteur qui était *héritier* dans le sens légal, quoique les biens passassent à un autre : enfin il suppose que l'acheteur ne retenait *jamais* les biens qui passaient *toujours* à un tiers, ce qui me paraît excessivement improbable. Chaque famille ayant chez les Romains un culte et des cérémonies domestiques qui avaient une grande importance dans l'opinion d'un peuple éminemment religieux (comme l'ont été tous les peuples fameux), c'était une honte pour eux de mourir sans héritiers, c'est-à-dire sans un représentant capable de succéder à tous les droits du défunt (*in omne jus*), mais surtout à cette religion domestique dont je viens de parler. Or cette religion appartenant à la famille, il fallait être de la famille pour être habile à perpétuer ces rites. Il fallait donc par la même raison choisir un *agnat* (héritier du sang et du nom), pour servir d'acheteur ; et celui-ci, avec qui on s'était accordé d'avance, restituait les biens à celui que le testateur avait choisi pour son héritier de fait. C'était sans doute pour cette raison que l'acheteur fictif n'achetait point les *biens*, mais *la famille*, comme on l'a vu plus haut. Que si l'héritier de fait avait appartenu à *l'agnation*, je suis persuadé que sa personne se serait confondue avec celle de l'acheteur, qui était l'héritier de droit, et que le personnage intermédiaire serait devenu superflu. Il peut se faire aussi que l'interposition de l'acheteur fictif s'étant établie pour faire passer l'hoirie à un héritier étranger à la famille du testateur, elle ait ensuite été généralisée par un certain esprit d'uniformité, qui mène plus ou moins tous les hommes, mais qui est particulièrement remarquable chez les peuples distingués par le bon sens. Quoique je ne connaisse aucun texte de lois romaines qui parle clair sur ce point, je crois cependant que tout homme qui aura été appelé à pénétrer l'esprit de ces lois, trouvera l'explication plausible. Qu'était au fond l'acheteur fictif dans le cas supposé de la restitution ? *un héritier fiduciaire*, et rien de plus. Or rien n'est plus naturel que cette idée d'un héritier fiduciaire, et jamais on n'a pu y recourir sans une bonne raison. Mais au lieu d'attacher notre attention sur cet exemple particulier ou sur tout autre du même genre, remarquons plutôt en général le génie *formuliste* des Romains, qui n'a jamais eu rien d'égal. Aucune nation de l'univers n'a su mieux anéantir l'homme pour former le citoyen. Tous les actes du droit public, toutes les conventions, toutes les dispositions à cause de mort, toutes les demandes légales, toutes les accusations, etc., etc., étaient assujetties à des *formules*, et pour ainsi dire circonscrites par des paroles *obligées*, qui portent quelquefois chez les écrivains latins le nom de *carmen*, à raison des lois qui en prescrivaient la forme, sans laquelle l'acte cessait d'être *romain*, c'est-à-dire *valide*. Le crime même n'était crime que lorsqu'il était déclaré tel par une *formule*. Nous rions aujourd'hui avant d'admirer, lorsque nous lisons que du temps encore de Cicéron, une insigne friponnerie ne pouvait être punie, *parce qu'Aquilius, collègue et ami de ce grand orateur, n'avait point encore imaginé sa formule du dol* (*). Il y aurait des choses bien intéressantes à dire sur ce sujet.

_____

(*) *Sed quid faceres ? Nondum enim Aquilius collega et familiaris meus protulerat de dolo malo formulas* (Cic. de Offic. III, 14).

Je me borne à une seule observation. Celui des empereurs qui détruisit véritablement l'empire romain, en lui substituant, sans le vouloir peut-être, une monarchie asiatique déjà ébauchée par Dioclétien, et qui ne varie plus, fut précisément celui qui abolit les *formules ;* car la loi qu'on lit dans le code Justinien, sous le titre *de formulis tollendis*, est de Constantin.

(Note V.)

Cosmos. *Monde*, *ordre* et *beauté ;* car *tout ordre* est *beauté :* Κόσμος γὰρ ἡ τάξις. (Eusth. ad Iliad. 1, 16) Homère appela les rois *ordonnateurs de peuples*, (mot à mot, *mondistes* (Ibid.). Expression d'une très-grande justesse et qui devint long-temps après encore plus juste, lorsque le sens exquis des philosophes grecs appela le monde ORDRE : en effet la société qui est un *monde* doit être *ordonnée* comme le *monde*. Les Latins ayant rencontré la même idée, je veux dire celle de l'*ordre* par excellence, associée à celle de l'*univers* (*unité* dans la *diversité*), ils l'exprimèrent par leur mot *mundus ;* et ce mot étant essentiellement latin, c'est une preuve que sur ce point ils ne durent rien aux Grecs ; car lorsqu'une nation va quêter des idées chez une autre, elle en rapporte aussi les noms. Ainsi les Latins, dans cette supposition, auraient dit COSMUS. Quant à nous, pauvre race de barbares, nous avons tout emprunté sans rien comprendre.

(Note VI.)

Il y a malheureusement de très-grands doutes sur cette belle action de Gélon ; il paraît prouvé au contraire que les Carthaginois conservèrent leur abomi-

nable coutume jusqu'au temps d'Agathocle (CXV.ᵉ
Olymp.). Voyez la note de M. Wittenbach , *Anim.*
pag. 37. Plutarque , cité par le savant éditeur , décrit
de la manière la plus pathétique ces affreux sacrifices.
« Les Carthaginois , dit-il , immolaient leurs propres
« enfans à Saturne , et les riches qui n'en avaient point
« achetaient ceux des pauvres pour les égorger comme
« des agneaux ou des poulets. La mère était là , l'œil
« sec et suffoquant ses sanglots , sous peine de perdre
« à la fois et l'honneur et son fils (*) ; les flûtes et les
« tambours , assemblés devant la statue du Dieu , fai-
« saient retentir le temple et couvraient le cri lamen-
« table des victimes. » (*De superst.*). Plaçons ici une
observation importante. L'immolation des victimes humaines , dont l'idée seule nous fait pâlir , est cependant
naturelle à l'homme *naturel.* Nous la trouvons dans
l'Egypte et dans l'Indostan ; à Rome , à Carthage , en
Grèce , au Pérou , au Mexique , dans les déserts de l'A-
mérique septentrionale ; nos féroces aïeux offraient le
sang humain à leur Dieu *Teutatès ;* et le VIII.ᵉ siècle de
notre ère le voyait encore fumer , dans la Germanie ,
sur les autels d'*Irminsul* , lorsqu'ils furent enfin ren-
versés par la main visiblement dirigée de l'immortel

(*) Les lecteurs qui consulteront le texte sentiront assez pourquoi je
m'écarte ici d'Amyot et des traducteurs latins. Je ne puis faire céder
l'évidence , ou ce qui me paraît tel à la haute opinion que j'ai de leur
habileté ; mais je ne dois point me jeter ici dans une dissertation.
J'observerai seulement que dans la collection des apophtegmes lacédémoniens on lit (ch. LIII, *Lycurgue*), Τοὺς δὲ ἀγάμους... Τιμῆς
ἐείργησι , comme on lit ici , Τῆς τιμῆς ἐέγεσθια. C'est précisément la
même expression employée dans le sens que je lui attribue. Le raisonnement se trouve donc , ce me semble , parfaitement d'accord avec
l'exactitude grammaticale.

Charlemagne , dont la gloire ne saurait plus s'accroî-
tre depuis qu'il a obtenu les folles censures du dix-
huitième siècle. Si l'on excepte un point du globe divinement préservé , et même avec de malheureuses
exceptions produites par les prévarications du peuple ,
toujours et partout l'homme a immolé l'homme ; mais
toujours aussi et *partout* , du moment où la plante
humaine reçoit la greffe divine , le sauvageon laisse
échapper l'aigreur originelle.

Miraturque novas frondes et non sua poma.

(Note VII).

Les anciens opposent toujours les lois à la royauté, et
ils avaient raison. Tacite a dit dans ce sens : *Quelques*
peuples, ennuyés de leurs rois , préférèrent des lois (*)
(Ann. III. 26 .). En effet, partout où l'homme est réduit
à lui-même , l'alternative est inévitable. La monarchie
qui résulte du règne des lois et de celui d'un homme,
réunis d'une manière plus ou moins parfaite , est une
production du christianisme, et ne se trouvera jamais
hors de son sein. Il faut remarquer cette expression de
Plutarque : *Il rendait les lois,* sans ajouter *et la liberté,*
comme a fait Amyot.

(Note VIII.)

Cornelius Nepos absout Cimon de ce crime. Il observe
qu'en épousant sa sœur Epinice, ce fameux Athénien
put obéir à l'amour sans désobéir aux lois de son pays.

(*) *Quidam... postquàm regum pertæsum , leges maluerunt*
(Tac. l. c.).

(*In Cim. V.*). Personne en effet n'ignore qu'à Athènes il était permis d'épouser la demi-sœur par le père, ou sœur consanguine, quoiqu'il ne le fût pas d'épouser la demi-sœur par la mère, que nous nommons *utérine* : or cette Epinice était seulement sœur de Cimon par le père.

Les Grecs, pour le dire en passant, considéraient principalement la fraternité dans la mère commune ; c'est pourquoi dans leur langue le mot de *frère* (ἀδελ-φὸς) n'exprime dans ses racines que la communauté de mère ; et ceci n'est point du tout une observation stérile. Homère voulant citer (II. XXIV, 47.) la parenté la plus proche et la plus chère au cœur humain, nomme *le frère par la mère* (l'homogastrien) *et le fils.* Les traducteurs latins qui ont traduit κασίγνητον ὁμογάσ-τριον (ibid.) par *fratrem uterinum*, peuvent aisément tromper un lecteur qui ne serait pas sur ses gardes. Homère, comme il est visible, veut exprimer dans cet endroit *le véritable frère*, ou le frère *tout-à-fait frère*, c'est-à-dire celui *qui a* la même mère, mais non celui qui n'a que la même mère (notion qui est exprimée dans notre langue par le mot d'*utérin.*). Bitaubé a donc eu raison de traduire simplement par *frère.* Si l'on voulait absolument conserver une épi-thète, il vaudrait mieux dire *frère germain.*

(Note IX.)

Dans un temps où les mœurs des Athéniens conser-vaient encore l'ancienne sévérité, Thémistocle s'avisa un jour d'atteler quatre courtisanes, comme les che-vaux d'un quadrige, et de les conduire ainsi à travers la place publique couverte de peuple. Athénée nous a conservé les noms de ces quatre effrontées. Elles se

nommaient *Lamis*, *Scyone*, *Satyre* et *Nannion* (Ath.
lib. XII, p. 531 ; et lib. XIII. p. 576, cité par M. Wittenbach. *Animadv*. p. 38.).

(Note X.)

L'antiquité est d'accord sur les malheurs arrivés aux
violateurs du temple de Delphes (Voyez la note de
Wittenbach, qui cite les autorités. *Anim*. p. 47.). On
peut voir les réflexions du bon Rollin, sur les phénomènes physiques qui empêchèrent depuis une spo-
liation du même genre, lorsque les Gaulois s'avancèrent sur le temple de Delphes. Il est certain, en thèse
générale, *que les sacriléges ont toujours été punis*, et
rien n'est plus juste ; car le pillage ou la profanation
d'un temple, même païen, suppose le mépris de ce
Dieu (*quel qu'il soit*) qu'on y adore ; et ce mépris
est un crime, à moins qu'il n'ait pour motif l'établis-
sement du culte légitime, qui même exclut sévère-
ment toute espèce de crimes et de violences. *La punition des sacriléges dans tous les temps et dans tous
les lieux* a fourni à l'anglais Spelman le sujet d'un
livre intéressant, abrégé en français par l'abbé de
Feller. Bruxelles, 1787 ; Liége, 1789 ; in-8.º

(Note XI.)

M. Wittenbach, *Anim*. p. 49, fait observer que ce
vers n'est point d'Hésiode. On rencontre en lisant les
anciennes éditions une foule d'erreurs de ce genre que
nous n'avons pas le droit de leur reprocher. Notre
imprimerie, nos grandes et nombreuses bibliothèques,
nos dictionnaires, nos tables de matières, etc., man-
quaient aux anciens. Le plus souvent ils étaient obligés

6.

de citer de mémoire, et nous devons admirer l'usage prodigieux qu'ils ont fait de cette faculté, au lieu de blâmer les erreurs dont elle n'a pu les préserver.

(Note XII.)

Cette comparaison suppose que du temps de Plutarque, des malfaiteurs étaient souvent condamnés à donner sur la scène des spectacles réels de supplices et d'exécutions légales : au fond il n'y a rien qui doive nous surprendre, d'autant plus que l'auteur ne dit rien qui ne puisse se rapporter exclusivement à Rome, où les mœurs étaient bien plus féroces que dans la Grèce. Le gladiateur n'apprenait-il pas chez le *Peuple-Roi* à mourir décemment ? N'y avait-il pas des règles pour égorger et pour présenter la gorge avec grâce ? La vierge patricienne en fermant quatre doigts, et tournant vers la terre le pouce allongé, ne criait-elle pas en silence : *Egorgez ce maladroit* ? N'en était-on pas venu à tuer pour tuer, à supprimer tout hasard, toute défense et tout retard ? Le peuple n'était-il pas invité, au pied de la lettre, *à venir voir tuer les hommes pour tuer le temps* ? NE NIHIL AGERETUR (Seneq. ep. VI.) ; à les tuer même pour s'exercer ? Ces malheureux en défilant dans l'arène, devant les spectateurs impatiens, ne leur disaient-ils pas avec une admirable politesse : *Les gens qui vont mourir vous saluent* (*) ? Pour égayer certains repas de cérémonie, n'arrivait-il pas aux *gens du bon ton* d'appeler, au lieu de musiciens et de danseuses, quelques couples des gladiateurs qui venaient parfois tomber sur la

---

(*) *Morituri vos salutant.*

table et l'arroser de leur sang (Voyez Juste-Lipse , *de Magnit. Rom.*) ? Pourquoi donc quelques-uns de ces hommes destinés *aux plaisirs* du public ne seraient-pas venus de temps à autre *animer* le dernier acte d'une *orchese* ou d'une tragédie (*) ?

Voulez-vous savoir en passant à quelle autorité cédèrent enfin *ces délicieux* spectacles qui avaient résisté , jusqu'au 1.er janvier 404 , à tous les édits de Constantin , de Constance , de Julien et de Théodose ? Lisez la vie de St. Almaque (Vies des Saints, etc. trad. de l'anglais d'*Alban Buttler* , tom. I. p. 3o).

(Note XIII.)

Si l'on suit bien le raisonnement de Plutarque , si l'on fait attention à la manière dont il rattache dans ce chapitre la première partie de son discours à la seconde , par une particule ayant la valeur de *car* , on ne pourra douter qu'il ne s'agisse ici d'exécutions réelles.

Si l'on adopte l'opinion contraire , on sera peut-être surpris de l'épithète que Plutarque donne ici aux comédiens en général (Κακοῦργους) , qu'Amyot traduit faiblement par *des gens qui ne valent rien* , ce qui pourra paraître dur à certaines personnes ; mais les anciens sont faits ainsi : les Athéniens seuls exceptés (et même pas tout-à-fait exceptés) , ils font peu de grâce à

(*) Les lecteurs feront bien de lire sur ce même endroit de Plutarque la note de Vauvilliers , dont je ne me suis aperçu qu'après avoir terminé cet ouvrage (Edit. de Cussac. tom. XVI , IV.ᵉ des Œuvres morales, p. 486.). J'ai eu le plaisir de me trouver assez d'accord avec lui.

l'état de comédien. *C'est une misérable profession*, dit Cicéron (de Orat.). La jurisprudence romaine en avait placé l'exercice parmi les causes légitimes d'exhérédation. Sɪ MIMOS SEQUITUR. Je ne finirais pas si je voulais accumuler les autorités de tout genre qui ont flétri dans tous les siècles et le théâtre et les hommes qui s'y dévouaient. Je me borne à observer que l'importance accordée à cette classe d'hommes, au théâtre en général, mais surtout au théâtre lyrique, est une mesure infaillible de la dégradation morale des nations. Ce thermomètre n'a jamais trompé. Que si quelque comédien s'élève au-dessus de sa profession par des vertus faites pour étonner la scène, il faut bien se garder de le décourager : adressons-lui au contraire ce compliment si flatteur que Roscius obtint de Cicéron il y a deux mille ans, et qui n'est pas du tout usé, *vos talens vous rendent aussi digne d'être comédien que votre caractère vous rendrait digne de ne pas l'être.* Mais sans nous occuper davantage des phénomènes, observons que tout gouvernement fera bien, en accordant ce qui convient à l'amusement public, de méditer les maximes suivantes d'un lettré chinois : « Les « spectacles sont des espèces de feu d'artifice d'esprit, « qu'on ne peut voir que dans la nuit du désœuvre- « ment. *Ils avilissent et exposent* ceux qui les tirent, « fatiguent les yeux délicats du sage ; occupent dan- « gereusement les âmes oisives ; mettent en danger « les femmes et les enfans qui les voient de trop « près ; donnent plus de fumée et de mauvaise « odeur que de lumière ; ne laissent qu'un dange- " reux éblouissement et causent souvent d'horribles « incendies. »

(Mém. concern. les Chinois ; par les missionn. de Pékin ; in-4.°, tom. VIII, p. 227.)

(Note XIV.)

Chemine droit au chemin de justice,
Très-grand mal est aux hommes l'injustice (Amyot).

Le mot grec *Hybris*, qui n'a point d'analogue dans notre langue, renfermant les trois idées *d'injure*, *de violence* et *d'immoralité*, il n'est rendu que bien faiblement par celui *d'injustice*. D'ailleurs malgré la double signification du mot *diké*, qui peut signifier également *justice* et *supplice* (car le supplice est une justice), j'ose croire qu'il n'y a point de doute sur la préférence due à la version de Xylandre, adoptée par M. Wittenbach. *Perge ad supplicium ! valdè est damnosa libido.* Amyot est tout-à-fait malheureux dans la première traduction qu'il a faite de ce passage (Vie de Cimon, chap. XI), où la même histoire est racontée.

(Note XV.)

Plat. de leg. X. Opp. tom. IX. p. 108. ed. Bip. *Si ascendero in cœlum, tu illic es, si descendero in infernum, ades* (Ps. CXXXVIII, 8.). Ailleurs il lui est arrivé de dire que *si Dieu n'a pas présidé à la fondation d'une cité, elle ne peut échapper aux plus grands maux ;* ce qui rappelle encore un autre passage des psaumes : *Nisi Dominus ædificaverit domum, etc. Nisi Dominus custodierit civitatem, etc.* (Ps. CXXVI. r, 2. Plat. ibid. de leg. IV. Opp. tom. VIII, p. 181). On a conclu de là que Platon avait lu nos livres saints. On pourrait porter le même jugement de Plutarque, en réfléchissant sur ce passage : *Où fuira-t-il ? Où trouvera-t-il une terre ou une mer sans Dieu ? O malheureux ! dans quel abime te cacheras-tu ? etc.* (Plut.

de superst.). Edit. Steph. Paris, 1624; in-fol.,
p. 166. D.). Ce sont des présomptions qui ont leur
poids parmi les autres.

(Note XVI.)

On voit que par le mot *Enfer* (ΑΔΗΣ), Platon n'entend qu'un lieu de tourmens expiatoires, *lugentes c ampos ;* désignant ensuite, par ce *lieu encore plus terrible*
(ἀγριώτερον), notre *Enfer* proprement dit, il établit
cette distinction des supplices temporaires ou éternels,
en d'autres endroits de ses Œuvres et notamment dans
sa République (lib. X, tom. VII, p. 325.) ; et dans le
Gorgias (tom. IV, p. p. 168, 169). Il est bien vrai
que quoique la plus haute antiquité ait cru à l'*Enfer* et
au *Purgatoire*, ces deux idées n'étaient néanmoins ni
générales, ni dogmatiques, elles ne pouvaient être distinguées clairement par deux mots opposés et exclusifs
l'un de l'autre : quelquefois cependant l'opposition
entre *le Hadès* et le Tartare paraît incontestable
(*Plat. ibid.* p. 326.). Mais ailleurs Platon les confond
et place dans le même lieu, c'est-à-dire dans le Tartare, des peines à temps et des peines éternelles (*ibid.
in Gorg.* p. 170.). Ces variations, comme on voit ne
touchent point le fond de la doctrine. Au reste, si
Platon menace le crime en si beaux termes, il n'est
pas moins admirable lorsqu'il console le juste. *Jamais,*
dit-il, *les dieux ne perdent de vue celui qui se livre
de toutes ses forces au désir de devenir juste et de se
rendre par la pratique de la vertu semblable à Dieu,
autant que la chose est possible à l'homme. Il est naturel que Dieu s'occupe sans cesse de ce qui lui ressemble. Si donc vous voyez le juste sujet à la pauvreté, à la maladie, ou à quelque autre de ces choses*

qui nous semblent des maux, tenez pour sûr qu'elles
finiront par lui être avantageuses ou pendant sa vie ou
après sa mort (Id. de leg. X, tom. VII, p. 3o2.). On
croit lire St. Augustin ou Bourdaloue. Observons bien
cette expression : *Jamais les dieux ne perdent de vue*
celui qui s'efforce de se rendre semblable A DIEU (*).
Platon s'est-il exprimé ainsi à dessein ? ou bien n'a-t-il
fait qu'obéir au mouvement d'une âme *naturellement*
chrétienne ? — Comme on voudra.

(Note XVII.)

ΜΕΛΛΕΙ ΤΟ ΘΕΙΟΝ Δ'ΕΣΤΙ ΤΟΙΟΥΤΟΝ ΦΥΣΕΙ. *Eurip.*
Orest. V. 42o. J'avoue l'impuissance où je me trouve
de traduire ces vers d'une manière tolérable. Il faudrait
que la décence permît de dire : *Dieu est fait ainsi.* Le
bon Amyot a dit en deux vers (ou deux lignes),
de jour en jour s'il dilaye et diffère, telle est de Dieu la
manière ordinaire (Ibid. de será num. vind. c. 2.).
S. Chrysostôme a dit dans le même sens : *Dieu qui fait*
tout ne fait rien brusquement (Serm. IV, in Epist. ad
Colos. ad v. 25.). Et Fénélon a remarqué la leçon que
nous donne l'Ecriture-Sainte, lorsqu'elle nous apprend
que Dieu accomplit l'ouvrage de la création en six jours
(Œuvr. spirit. tom. I. Lettre sur l'infini, quest II.ᵉ).
Mais pourquoi donc ces lenteurs ? pourquoi ne créa-t-il
pas l'univers comme la lumière ? — Pourquoi ? — Parce
qu'il est Dieu.

Il est lent dans son œuvre, et telle est sa nature.

(*) Οὐ γὰρ δὲ ὑπὸ γε ΘΕΩΝ ποτὲ ἀμελεῖται ὅς ἄν προθυ-
μεῖσθαι ἐθέλη...... εἰς ὅσον δυνατὸν ἀνθρώπῳ, ὁποιᾶσθαι ΘΕ῍Ω.
Plat. ibid.

(Note XVIII.)

M. Vittenbach a cru devoir observer ici que tout le raisonnement de Plutarque, dans ce chapitre, suppose plus d'esprit que de justesse (*multa hîc acutiùs quàm verè dicta sunt.*). « Car , dit-il, ce raisonnement « n'est concluant que suivant l'opinion des hommes , « mais il ne saurait s'appliquer à Dieu auquel les « actions de chaque individu sont connues » (*Ibid. in anim*. p. 75.). J'ose croire que cet habile homme se trompe évidemment, et que lui-même a prononcé le mot qui le condamne en avouant que le raisonnement de Plutarque est juste *dans l'opinion des hommes* , car c'est précisément de l'opinion des hommes qu'il s'agit ici. Sans doute Dieu qui connaît les actions de tous les hommes ne sera pas embarrassé de rendre à chacun *selon ses œuvres* , mais sans doute aussi Dieu qui est auteur de la société, est de même l'auteur de cette morale qui résulte des associations politiques. Si donc une ville est coupable *comme ville* , il faut qu'elle soit punie *comme ville ;* autrement les hommes diraient : *Cette ville qui a commis tant de crimes prospère cependant* , etc. L'Ecriture-Sainte est remplie de menaces faites et même de châtimens exécutés sur les nations , *comme nations.* N'y avait-il pas quelques honnêtes gens à Tyr, et tous ses habitans étaient-ils également coupables lorsque Dieu disait à cette ville : *Je te renverserai de fond en comble ; tes murs , tes monumens ne seront plus que des débris lavés par la vague; le pêcheur y viendra sécher ses filets* , etc. (Ezech. XXVI , v. 14 et seqq.). Et lorsqu'après vingt-trois siècles un missionnaire assis *sur les bords où fut Tyr* , rêvait profondément et se rappelait le passage du Prophète, en voyant un pêcheur étendre son filet sur des débris sculptés, à demi plongés dans les eaux, aurait-il éprouvé le même sentiment s'il avait songé par hasard dans son cabinet aux châtimens tempore's qui purent jadis tomber individuellement sur quelques souverains ou administrateurs de Tyr? Ne subtilisons jamais contre le sens commun ni contre la Bible. (*Huet a décrit avec une rare élégance cette scène du mission-naire, quelque part dans sa démonstration évangé-lique*).

(Note XIX.).

Οἴη περ Φύλλων γενεῖ, τοιήδε καὶ ἀνδρῶν

Φύλλα τὰ μεν τ'άνεμος χαμάδις χέει, ἄλλα δε θ'ύλη

Τηλεθόωντα φύει, ἔαρος δ'επιγίγνεται ὤρη (F. ἄρη pour ὤρα)

'Ως ἀνδρῶν γενεή· ἠ μεν φύει, ἤ δ'απολήγει. c. à d.

Les hommes se succèdent comme les feuilles des bois. Le souffle de l'hiver répand sur la terre ces feuilles des-séchées ; mais bientôt la forêt reverdissante en pousse de nouvelles, car l'heure du printemps arrive de nou-veau. Tel est aussi le sort des humains. Une génération est produite et l'autre disparaît. Iliad. VI. 146, 149.

Nous lisons dans l'Ecclésiastique : *Toute chair se fane comme l'herbe et comme les feuilles qui croissent sur les arbres verts. Les unes naissent et les autres tombent : ainsi dans cette génération de chair et de sang, les uns meurent et les autres naissent.* Eccl. XIX. 18, 19.

L'auteur de l'Ecclésiastique fut un Juif helléniste, ainsi que son petit-fils qui traduisit l'ouvrage en grec. Il est donc assez probable qu'en écrivant ce passage, il avait en vue celui d'Homère. S. Paul a cité mot à mot un hémistiche d'Aratus, écrivain bien inférieur à Ho-mère, et bien moins connu (Act. XVII. 28.). Il a cité aussi Ménandre et Epiménide (I. Cor. XV, 53. Tim. I, 12).

(Note XX.)

C'est une bien faible raison , dit ici M. Wittenbach, à mon très-grand regret, *uniquement fondée sur la superstition humaine ;* ou , ce qui serait le plus triste , *uniquement propre à nourrir la superstition humaine* , (car l'expression latine se laisse traduire ainsi (*) ; et il cite Cicéron qui a donné comme les autres dans cette rêverie (*de Amic.* IV.). On peut remarquer ici un nouvel exemple de ce petit artifice dont j'ai parlé dans la préface de cet écrit. Pour se donner plus beau jeu (en supprimant une idée intermédiaire qui forme néanmoins le nerf de l'argument) on a l'air de supposer que le dogme de l'immortalité se déduit immédiatement des honneurs rendus aux morts : ce n'est point du tout cela. Ces honneurs sont donnés seulement comme une preuve de la croyance universelle , et cette croyance universelle est donnée à son tour comme l'une des nombreuses preuves du dogme. *Majores nostri mortuis tam religiosa jura non tribuissent , si nihil ad illos pertinere arbitrarentur* (Cic. ibid.). Or l'on attaquera tant qu'on voudra l'argument qui s'appuie sur l'élan éternel de l'homme vers l'éternité, jamais on ne l'affaiblira. La bouche menteuse peut bien le repousser, *mais le cœur révolté s'obstine à l'écouter.* Dieu qui nous a créés n'a pu mentir à l'intelligence, en plaçant dans elle un instinct tout à la fois invincible et trompeur.

J'éprouve un chagrin profond, une douleur légitime bien étrangère à toute passion , lorsque je vois des

---

(*) *Levis sanè est ratio , et quæ ad hominum tantùm valeat superstitionem* (Animadv. p. 79).

hommes, d'ailleurs si estimables et que j'honore dans un sens comme mes maîtres, déplorablement en garde contre les traditions les plus vénérables; contre toute idée spirituelle; contre l'instinct de l'homme. Je m'écrie tristement : TANTUS AMOR NIHILI (*)! — Mais nous la reverrons la superbe alliance de la Religion et de la science; ils reviendront ces beaux jours du monde où toute la science remontait à sa source. Nous pouvons tous hâter cette époque, moins cependant par des syllogismes que par des vœux.

(Note XXI.)

Le traducteur français et anonyme du livre des Lois (Amsterdam, 1769); 2 vol. in-8.°, tom. 1, p. 373.), rend ainsi ce morceau : *En effet la Divinité qui préside au commencement de nos actions les fait réussir, lorsqu'à chacune de nos entreprises nous lui rendons les honneurs qu'elle mérite.* Voilà comme on traduit, mais surtout voilà comme on traduit Platon. Ce grand philosophe a deux ennemis terribles; l'ignorance et la mauvaise foi : l'une ne l'entend pas et l'autre craint qu'il ne soit entendu. Je crois au reste que l'expression *dans notre essence la plus intime*, est un équivalent juste de ἐν ἀνθρώποις ἱδρυμένη, qui signifie que ce principe et ce Dieu *réside, repose, est établi* dans l'homme comme une statue sur son piédestal.

(Note XXII.)

M. Wittenbach accumule ici beaucoup d'érudition pour établir que l'histoire de Thespésius est un conte

---

(*) *Quel amour du néant !* (Polignac).

comme celle de *Her* dans la république de Platon. Je
penche vers la même supposition ; cependant il eût été
bien, pour plus d'exactitude, de citer le passage de
Plutarque, qu'on vient de lire : *Je réciterai donc ce*
conte (si c'est un conte); en général toute l'antiquité
invente. Pour elle le plus brillant attribut du génie est
celui de FAIRE, et rien par elle n'est mis au-dessus du
FAISEUR (poète). Les *trouveurs* du moyen âge présentent la même idée ; car chaque nation, en passant
de la barbarie à la civilisation, répète les mêmes phénomènes, quoique d'une manière qui va en s'affaiblis-
sant. De là vient encore, pour le dire en passant, la
multitude des ouvrages pseudonymes chez les anciens :
c'était pour eux de la *poésie* et rien de plus. Se mettre
à la place d'un personnage connu, et dire ce qu'il
aurait dit suivant les apparences, n'avait pour eux
rien d'immoral. Ils ne pensaient seulement pas à
cacher cette supposition : mais parce qu'on lisait
peu, qu'on écrivait encore moins et que les monumens intermédiaires ont péri, nous prenons bonne-
ment ces hommes pour des faussaires, parce que nous
ignorons ce que tout le monde savait autour d'eux, ou
ce que personne ne s'embarrassait de savoir. Mais pour
revenir à l'objet principal de cette note, chez toutes
les nations du monde, avant que *le raisonner triste-*
ment s'accrédite, on a aimé donner à l'instruction une
forme dramatique, parce qu'en effet il n'y a pas de
moyen plus puissant pour la rendre plus pénétrante et
ineffaçable : on a donc fait partout des *légendes*, c'est-à-
dire des histoires *à lire* pour l'instruction commune.
L'aventure de Thespésius est une *légende* grecque dont
il faut surtout méditer le but et la partie dogmatique. On
a beaucoup écrit contre quelques-unes de nos *légendes*
latines : c'est fort bien fait sans doute, mais ce n'est

point assez : il faudrait encore écrire contre la vérité du
Télémaque et même contre celle de *l'Enfant prodigue*.

Hume a déclaré que dans ce traité des *Délais de la
Justice divine* , Plutarque s'était tout-à-fait oublié. Cet
ouvrage, dit le philosophe anglais, *présente des idées
superstitieuses et des visions extravagantes* (Essays,
etc. London, 1758, in-4.º , p. 251.). Hume, comme on
voit, n'aimait pas l'Enfer. — Il ne faut pas disputer des
goûts ; mais c'est toujours un grand honneur pour le
bon Plutarque, d'avoir su avec sa pénétrante histoire
de Thespésius, émouvoir la bile paresseuse de Hume,
au point de le rendre tout-à-fait injuste.

(Note XXIII.)

Il semble d'abord que pour l'honneur de Plutarque
il faut entendre la seconde partie de ce passage, des
ennemis de l'Etat ; car dans notre manière actuelle de
voir, c'est une singulière preuve de conversion que
d'être devenu ennemi implacable : cependant rien n'est
plus douteux ; et si l'on veut douter davantage, ou
pour mieux dire, si l'on veut ne plus douter, on peut
lire Platon dans le *Ménon* (Opp. édit. Biponi. tom. IV,
p. 330, 331.).

En s'élevant plus haut dans l'antiquité grecque, on
trouve que le plus fameux des poètes lyriques, remarquable surtout par ses sentimens religieux et par les
sentences morales dont il a semé ses écrits, demande
comme la perfection du caractère humain, *d'aimer ten-
drement et de haïr sans miséricorde* (Pind. Pyth. II,
153, 155.).

Trompés par la plus heureuse habitude, nous regar-
dons souvent la morale évangélique comme *naturelle,*
parce qu'elle est *naturalisée ;* c'est une grande erreur.

La *charité* est un mystère pour le cœur de l'homme,
comme la *trinité* en est un pour son esprit : ni l'une ni
l'autre ne pouvaient être connues, ni par conséquent
avoir de nom avant l'époque de la révélation. Alors seulement on put savoir « *que la charité est incompatible*
« *avec la haine d'un seul homme, fût-il de tous les*
« *hommes le plus odieux et le plus méchant ;* vérité
« jusqu'alors ouvertement combattue par le cœur hu-
« main qui, après l'offense, ne trouvait rien de si rai-
« sonnable que la haine, ni de si juste que la ven-
« geance. De nouvelles lumières ont produit de nou-
« veaux sentimens. »

(Ligny. Hist. de la Vie de J. C. ; Paris, Crapelet,
1804. in-4.°, tom. I, p. 226).

(Note XXIV.)

Il y a ici une obscurité qui appartient à l'auteur et
qu'il est, je pense, impossible de faire disparaître entièrement. Si l'on entend le mot Γραμμὴν au pied de la
lettre, on ne sait plus ce qu'a voulu dire Plutarque ;
mais il paraît que ce mot de *ligne* doit être pris pour la
ligne du pourtour, *terminatrice* de l'ombre. Amyot, à
qui le vague était permis, a dit : *Il se levait quand et*
lui ne sais quelle ombrageuse et obscure linéature.
Xylandre dit dans l'édition de M. Wittenbach, comme
dans les anciennes : *Animadvertit sibi comitari appen-*
dicis loco obscuram quamdam et umbrosam lineam.
Ce sont des mots français ou latins mis à la place des
grecs ; et il s'agit toujours de traduire (*)

(*) Le texte dit : Εἶδεν ἑαυτῷ μέν τινα συναπηρμένην ἀμυδράν
(τινα) καὶ σκιώδη γραμμὴν. J'ai exprimé le sens qui m'a paru le
plus naturel.

(Note XXV.)

Observez les traditions antiques et universelles sur cet abîme épouvantable *d'où l'espoir est banni, lui qu'on trouve en tout lieu* (Milton I, 66, 67.) *où l'on ne peut ni vivre ni mourir* (Alcoran, ch. 87.). Plutarque appelle ces malheureux, pour qui il n'y a plus d'espérance, *absolument incurables* (πάμπαν ἀνιάτους.) C'est une expression de Platon. (*In Gorg*. v. la note 31.) *Ceux-là, dit-il, étant incurables, souffriront éternellement des supplices épouvantables.* Ἄτε ἀνίατοι ὄντες..... τὰ μέγιςα καὶ ὀδυνηρότατα καὶ φοβερώτατα πάθη πάσχοντας τον ἀεὶ χρονων. κ. τ. λ. Quant à ceux dont les crimes ne sont pas incurables, ils ne souffrent que pour le bien dans ce monde et dans l'autre, n'y ayant pas d'autre moyen d'expiation que la douleur (Ibid. p. 168.).

(Note XXVI.)

Ce vice étant le plus cher à la nature humaine, il en coûte infiniment aux écrivains modernes, surtout à ceux d'une certaine classe en Europe, de citer et de traduire rondement ces passages pénétrans, où l'on voit le bon sens et les traditions antiques parfaitement d'accord avec cet impitoyable christianisme. Je pourrais en citer des exemples remarquables ; mais, pour me borner au passage de Plutarque que j'examine dans ce moment, j'observe que le nouvel éditeur se contente de dire, dans la traduction latine qu'il a adoptée, *que le bleu annonce l'intempérance dans les plaisirs* ; (*) mais l'on ne trouve plus ces expressions fatigantes : Κακὸν οἷα δεινὸν οὖσα, *c'est un vice terrible ;* ni le Μόλις ἐκτετριπται, *et qui est effacé bien difficilement.* Xylandre avait déjà supprimé ces deux passages dans

---

(*) *Cœruleus color intemperantiæ circa voluptates.* (Pigmentum.)

sa traduction : (*édit. Stéphan.* in-fol. Paris , 1624 ,
tom II , p. 265.), et ce qu'il y a de plaisant , c'est qu'il
les remplace par un astérisque, comme s'il y avait là
une lacune dans le texte. (M. Vittenbach a justement
fait disparaître ce signe menteur.) Amyot, au contraire , traduit avec complaisance, comme un évêque :
*Là où il y a du bleu , c'est signe que de là a été escu-
rée l'intempérance et dissolution ez voluptez , à bien
long-temps et à grand'peine ; d'autant que c'est un mauvais vice.* Le dernier éditeur d'Amyot supprime de
même ces derniers mots , *c'est un mauvais vice ;* et il
affirme *qu'il faut* lire ainsi (Paris , Cussac , 1802 ,
tom. IV , p. p. 490 , 491.). Pour moi , je persiste à
croire *qu'il faut* traduire Plutarque.

(Note XXVII.)

Γένεσις , c'est à dire , Νεῦσις ἔπι γῆν. Cette étymologie,
sur laquelle on peut disputer , est répétée dans un
fragment conservé par Stobée (Serm. CIX.) et at-
tribué à Thémistius , mais que M. Vittenbach reven-
dique, par de bonnes raisons, en faveur de Plutarque
(*Anim.* p. 134.). Peu importe , au reste , à la morale,
que la conscience des hommes ait construit le mot pour
la pensée , ou qu'elle ait cherché dans la pensée l'origine du mot : la conscience a toujours parlé.

(Note XXVIII.)

Amyot s'est évidemment trompé en faisant disparaître le cratère même. Le texte dit mot à mot, *que le
cratère laissa échapper le brillant de toutes les couleurs,
excepté celui du blanc ;* mais cet excellent traducteur a
eu raison de passer sous silence ἀφανίσθεντος μαλλον τȣ
μεριέχοντος ; car ce passage ne présente aucun sens satis-

tisfaisant. La traduction latine me semble encore plus
répréhensible. *Ut proprius accessit , crater obscuritatis
coloribus floridissimum retinuit absquè albedine colo-
rem.* C'est , ce me semble , un contre-sens manifeste.
Le sens que j'ai exprimé est *commode* , et il présente
de plus une vérité physique , puisqu'il est certain que
le mélange de toutes les couleurs , dans le cratère, devait produire le blanc.

(Note XXIX.)

Allégorie visible, et allusion à quelque doctrine des
mystères de Bacchus. Le triangle divin est fameux dans
l'antiquité. Il fut consacré à Delphes , et jamais il n'y a
eu de religion où le nombre trois n'ait joué un rôle mys-
térieux. Après le déluge universel, connu de même et
célébré par tous les hommes, l'Arche qui portait Deu-
calion et Pyrrha s'arrêta, suivant les traditions grecques (qui n'avaient qu'un jour), sur le mont *Parnasse*,
mot purement indien (Voyez les recherches asiati-
ques , in-4.°, tom. VII, p. 494 et suiv.). Tous les
temples avaient péri dans cette catastrophe, excepté
celui de Thémis , *quæ tunc oracla tenebat.* « La déesse,
« inondée de la lumière qui partait du triangle sacré,
« la versa à son tour sur ce mont privilégié, et l'y
« fixa , etc. , etc. » (J'entends ici l'Hiérophante.).
Mais comme il y a dans tout l'univers un principe qui
corrompt tout, cet oracle , qui aurait dû demeurer sur
le Parnasse, descendit à *Delphes* , dont le nom est la
traduction du sanscrit *ioni* (M. Wilford , dans les recherches asiat. loc. cit. tom. VII, pag. 502.). Ce que
la Pythie annonçait elle-même toutes les fois qu'elle
entrait en inspiration ; en sorte que Plutarque nous
avertit lui-même de *fuir ces coupables orgies*, etc.

(Note XXX.)

Cette idée n'appartient point en particulier à Pindare : tous les anciens ont cru que les serpens naissaient à la manière de Typhon (*Plut. de Is. et Osir*. XII.). L'erreur était fondée sur une expérience vulgaire ; car si l'on souffle dans la peau d'un serpent, elle se gonfle et retient l'air comme un ballon, tant qu'elle demeure fermée par le haut. Les naturalistes ont expliqué depuis long-temps cette merveille apparente. Au reste, en supposant la vérité du fait, la métamorphose qui se préparait est une allusion assez juste au plus grand crime de Néron.

(Note XXXI.)

On regrette qu'à la fin de cet incomparable traité Plutarque déroge, à ce point, au goût et au bon sens qui le distinguent. Parce que Néron avait protégé les Grecs, qui lui fournissaient les meilleurs musiciens et les meilleurs comédiens, ce n'était pas une raison pour adresser un compliment à ce monstre. L'imagination refuse de voir Néron changé en cygne : c'est un solécisme contre le sens commun, et même contre la morale. A l'égard du compliment fait à la nation grecque, quel peuple marquant n'a pas dit : *Je suis le premier ?* Il n'y a point d'instrument pour mesurer cette supériorité. S'il n'y avait dans le monde ni graphomètres, ni baromètres, qui empêcherait différens peuples de soutenir que leurs montagnes sont les plus hautes de l'univers ? — J'observe seulement qu'il faut posséder le *Ténériffe*, le *Cimboraço*, etc. pour avoir cette prétention : les autres nations seraient ridicules, même à l'œil nu.

FIN DES NOTES.

POURQUOY

LA JUSTICE DIVINE

DIFFÈRE QUELQUEFOIS

LA PUNITION DES MALEFICES,

TRAITÉ DE PLUTARQUE,

TRADUIT PAR AMYOT.

Après qu'Epicurus eut ainsy parlé, devant que pas un de nous luy eust peu respondre, nous nous trouvasmes tout au bout de la gualerie, et lui s'en allant, nous planta-là. Et nous, esmerveillez de son estrange façon de faire, demourasmes un peu de temps sans parler ny bouger de la place, à nous entre-reguarder l'un l'austre, jusques à ce que nous nous meismes de rechef à nous promeiner comme devant.

Et lors Patrocles le premier se prist à dire : *Et bien, seigneurs, que vous en semble ? laisserons-nous-là ceste dispute, ou si nous respondrons en son absence aux raisons qu'il a alléguées, comme s'il estoit present ?* Timon adoncques prenant la parole, *voire-mais, dict-il, si quelqun après nous avoir tiré et assené s'en allait, encores ne serait-il pas bon de laisser son traict dedans*

nostre corps : car on dict bien que Brasidas ayant
esté bleçé d'un coup de javeline à travers le corps ,
arracha luy-mesme la javeline de sa playe, et
en donna si grand coup à celuy qui la luy avoit
lancée, qu'il l'en tua sur le champ : mais quant
à nous il n'est pas question de nous venger de
ceulx qui aurayent osé mettre en avant parmy
nous auscuns propos estrangers et faulx , ains
nous suffit de les rejecter arriere de nous , avant
que nostre opinion s'y attache.

Et qu'est-ce, dis-je alors, qui vous a plus esmeu
de ce qu'il a dict? car il a dict beaucoup de choses
pesle-mesle, et rien par ordre , ains a ramassé un
propos deçà , un propos de là, contre la providence divine , la deschirant comme en courroux, et
l'injuriant par le marché. Adoncques Patrocles :
Ce qu'il a allégué , dict-il , de la longueur et tardité de la justice divine à punir les meschants, m'a
semblé une objection fort vehemente : et, à dire la
vérité, ces raisons-là m'ont quasi imprimé une opinion toute austre que je ne l'avoye, et toute nouvelle ; vray est que de longue main je sçavois maulvais gré à Euripides de ce qu'il avoit dict :

> De jour à jour il dilaye et differe ,
> Tel est de Dieu la maniere de faire.

Car il n'est point bien seant de dire que Dieu soit
paresseux à chose quelconque , mais encores moins
à punir les meschants , attendu qu'eulx-mesmes ne
sont pas paresseux ny dilayants à mal faire , ains
soubdainement et de grande impétuosité sont poul-

Les puni-
tions promp-
tes parent
souvent
bien des dé-
lits.

sez par leurs passions à mal faire. Et toustefois
quand la punition suit de près le tort et l'injure
receuë, comme dict Thucydides, il n'y a rien qui
si tost bousche le chemin à ceulx qui trop facilement se laissent aller à mal faire.

Car il n'y a delay de payement qui tant affoi-
blisse d'espérance, ne rende si failly de cœur celuy
qui est offensé, ne si insolent et si audacieux celuy
qui est prompt à oultraiger, que le delay de la
justice : comme au contraire les punitions qui suy-
vent et joignent de près les malefices aussy-tost
qu'ils sont commeis, empeschent qu'à l'advenir on
n'en commette d'austres, et reconfortent davantage
ceulx qui ont esté oultraigez : car quant à moy,
le dire de Bias, après que je l'ay repensé plusieurs
fois, me fasche, quand il dict à un certain meschant homme : *Je n'ay pas paour que tu ne sois
puny de la meschanceté, mais j'ay paour que je ne
le voye pas.* Car de quoy servit aux Messeniens la
punition d'Aristocrates, qui les ayant trahis en la
bataille de Cypre, ne feut descouvert de sa trahison de plus de vingt ans après, durant lesquels il
feut tousiours roy d'Arcadie, et depuis en ayant
esté convaincu, il feut puny ? mais cependant ceulx
qu'il avoit faict tuer, n'estoyent plus en ce monde.
Et quel reconfort apporta aux Orchomeniens qui
avoyent perdu leurs enfants, leurs parents, et amys,
par la trahison de Lyciscus, la maladie qui long-
temps depuis luy advint et luy mangea tout le corps,
encores que luy-mesme trempant et baignant ses pieds
dedans la riviere, jurast et maugreast qu'il pourris-

soit pour la trahison qu'il avait meschamment et malheureusement commeise ? Et à Athenes les enfants des enfants des pauvres malheureux Cyloniens qui avoyent esté tuez en franchise des lieux saincts, ne purent pas veoir la vengeance qui depuis par ordonnance des dieux en feut faicte, quand les excommuniez qui avoyent commeis tel sacrilege feurent bannys, et les os mesmes des trespassez jectez hors des confins du païs. Et pourtant me semble Euripides estre impertinent, quand pour divertir les hommes de mal faire il allegue de telles raisons,

> Pas ne viendra la justice elle-mesme,
> N'en ayes ja de paour la face blesme,
> D'un coup d'estoc le foye te percer,
> Ny austre avec pire que toy bleçer,
> Muette elle est, et à punir tardifve
> Les malfaisants, encores s'il arrive.

Les méchans s'encouragent par l'éloignement de la punition.

Car au contraire, il est vray-semblable que les meschants n'usent point d'austres persuasion, ains de celles-là mesmes, quand ils se veulent poulser et encourager eulx-mesmes à entreprendre hardiment quelques meschancetez, se promettants que l'injustice represente incontinent son fruict tout meur et tout prest, et la punition bien tard et long-temps après le plaisir du malefice. Patrocles ayant dict ces paroles, Olympicque prenant le propos : Mais davantage, dict-il, Patrocles, voyez quel inconvenient il arrive de ceste longueur et tardité de la justice à punir les meffaicts, car elle faict que

l'on ne croit pas que ce soit par providence divine
qu'ils sont punis. Et le mal qui advient aux meschants, non pas incontinent qu'ils ont commeis les
malefices, mais long-temps après, est par eulx reputé malheur, et l'appellent une fortune, et non
pas une punition, dont il advient qu'ils n'en reçoip-
vent aucun prouffit, et n'en deviennent de rien
meilleurs : pource qu'ils sont bien marrys du malheur qui leur est presentement arrivé, mais ils ne
se repentent point du malefice qu'ils ont auparavant commeis.

Les puni-
tions tardives
sont réputées
malheur.

Car tout ainsy comme en chantant un petit coup
ou un poulsement qui suit incontinent l'erreur et la
fauste aussy-tost qu'elle est faicte, la corrige et la
r'habille ainsy qu'il faust, là où les tirements, re-
princes et remises en ton, qui se font après quelque
temps entre-deux, semblent se faire plus tost pour
quelque austre occasion, que pour enseigner celuy
qui a failly, et à ceste cause ils attristent et n'instrui-
sent point : aussy la malice qui est reprimée et re-
leivée par soubdaine punition à chasque pas qu'elle
choppe ou qu'elle bronche, encores que ce soit à
peine, si est-ce qu'à la fin elle pense à soy, et apprend
à s'humilier et à craindre Dieu, comme un severe
justicier qui a l'œil sur les œuvres et sur les passions
des hommes, pour les chastier incontinent et sans
delay, là où ceste justice-là, qui si lentement et
d'un pied tardif, comme dict Euripides, arrive aux
meschants, par la longueur de ses remises et de son
incertitude vague et inconstante, ressemble plus-tost
au cas d'adventure qu'au desseing de providence,

La punition
prompte en-
gage le cou-
pable à ren-
trer en lui-
même.

tellement que je ne puis entendre quelle utilité il y ayt en ces moulins des dieux que l'on dict mouldre tardisvement, attendu qu'ils rendent la justice obscurcie, et la crainte des malfaicteurs effacée.

Ces paroles ayant estez dictes je demouray pensif en moy-mesme. Et Timon, voulez-vous, dict-il, que je mette aussy le comble de la doupte à ce propos, ou si je laisseray premierement combattre à l'encontre de ces oppositions-là ? Et quel besoing est-il, dis-je adoncques ; d'adjouster une troisiesme vague pour noyer et abysmer du tout ce propos davantage, s'il ne peust refuter les premieres objections, et s'en despestrer ? Premierement doncques, pour commencer, par maniere de dire, à la deesse Vesta, par la reverence et crainte retenue des philosophes academicques envers la Divinité, nous desclarons que nous ne pretendons en parler, comme si nous en sçavions certainement ce qui en est.

L'homme est bien embarrassé lorsqu'il a à parler à des dieux. Car c'est plus grande presomption à ceulx qui ne sont qu'hommes, d'entreprendre de parler et discourir des dieux et des demy-dieux, que ce n'est pas à un homme ignorant de chanter et de vouloir disputer de la musicque, ou à un homme qui ne feut jamais en camp, vouloir disputer des armes et de la guerre, en presumant de pouvoir bien comprendre, nous qui sommes ignorants de l'art, la fantasie du sçavant ouvrier, par quelque legere conjecture seulement : car ce n'est pas à faire à celuy qui n'a point estudié en l'art de médecine, de deviner et conjecturer la raison du medecin , pour laquelle il a coupé plus–tost , et non plus–tard , le membre de son patient , ou pourquoy il ne le baigna pas hier , mais aujourd'huy.

Aussy n'est–il pas facile ny bien asseuré à un homme mortel de dire austre chose des dieux , sinon qu'ils sçavent bien le temps et l'opportunité de donner la medecine telle qu'il faust au vice et à la malice , et qu'ils baillent la punition à chasque malefice , tout ainsy qu'une drogue appropriée à guarir chasque maladie : car la mesure à les mesurer toutes n'est pas commune , ne n'y a pas un seul ny un mesme temps propre à la donner : car que la medecine de l'ame , qui s'appelle *droict* et *justice* , soit l'une des plus grandes sciences du monde , Pindare mesme après infinis austres le tesmoigne , quand il appelle seigneur et maistre de tout le monde *Dieu* , le très–bon et parfaict ouvrier , comme estant l'autheur de la justice , à laquelle il appartient definir et determiner quand et comment , et jusques où il est raisonnable de chastier et punir un chascun des meschants : et dict Platon que Minos , qui estoit fils de Jupiter , estoit en ceste science disciple de son père : voulant par cela nous donner à entendre qu'il n'est pas possible de bien se desporter en l'exercice de la justice , ne bien juger de celuy qui s'y desporte ainsy qu'il appartient , qui n'a apprins et acquis ceste science.

Droit et justice sont la médecine de l'âme.

Car les loyx que les hommes establissent , ne contiennent pas tousiours ce qui est simplement le plus raisonnable , ne qui semble tousiours et à tous estre

Les lois établies par les hommes ne contien-

nent pas tou-
jours ce qui
est raison-
nable.

tel, ains y a auscuns de leurs mandements qui semblent estre fort dignes de mocquerie, comme en Lacedæmone les ephores, aussy-tost qu'ils sont instalez en leur magistrat, font publier à son de trompe, que personne ne porte moustaches, et que l'on obeysse volontairement aux loyx, afin qu'elles ne leur soyent point dures : et les Romains quand ils affranchissent quelques cerfs, et les vendicquent en liberté, ils leur jectent sur le corps quel-

Latinis fes-
tuca dicitur,
un fétu, un
jeton et sion
d'arbre.

que sion de verge : et quand ils font leurs testaments, ils instituent auscuns leurs heritiers, et vendent leurs biens à d'austres, ce qui semble estre contre toute raison : mais encores plus estrange et plus hors de toute raison semble estre celuy de Solon, qui veult que celuy des citoyens qui en une sedition civile ne se sera attaché et rengé à l'une des parts, soit infame : bref, on pourrait ainsy alleguer plusieurs absurditez qui sont contenues ès loyx civiles, qui ne sçauroit et n'entendroit bien la raison du legislateur qui les a escriptes, et l'occasion pourquoy.

Si doncques il est si mal-aysé d'entendre les raisons qui ont meu les hommes à ce faire, est-ce de merveille si l'on ne sçait pas dire des dieux, pourquoy ils punissent l'un plus-tost, et l'autre plus-tard ? Toutesfois ce que j'en dis, n'est pas pour un pretexte de fuyr la lice, ains plus-tost en demander pardon, affin que la raison reguardant à son port et refuge, plus hardiment se soubsleive et se dresse par vray-semblables arguments à l'encontre de ceste difficulté. Mais considerez premierement, que selon le dire de Platon , Dieu s'estant meis devant les yeulx de tout le monde , comme un patron et parfaict exemplaire de tout bien , influe à ceulx qui peuvent suyvre sa divinité , l'humaine vertu , qui est comme une conformation à luy : car la nature de l'univers estant premierement toute confuse et desordonnée , eut ce principe-là , pour se changer en mieulx , et devenir *monde* par quelque conformité et participation de l'idée de la vertu divine : et dict encores ce mesme personnage , que la nature a allumé la veue en nous , affin que par la contemplation et admiration des corps celestes qui se meuvent au ciel , nostre ame apprist à le chérir , et s'accoutumant à aymer ce qui est beau et bien ordonné , elle devinst ennemye des passions desreiglées et désordonnées , et qu'elle fuyst de faire les choses temerairement et à l'adventure , comme estant cela la source de tout vice et de tout péché : car il n'y a fruiction plus grande que l'homme peust recepvoir de Dieu , que par l'exemple et l'imitation des belles et bonnes proprietez qui sont en luy , se rendre vertueux. —

L'âme habituée à aimer ce qui est beau, devient ennemie des passions déréglées.

Voylà pourquoy lentement et avecques traict de temps il procède à imposer chastiement aux meschants , non qu'il ayt auscun doubte ne crainte de faillir ou de s'en repentir s'il les chastioit sur le champ , mais affin de nous oster toute bestiale precipitation et toute hastifve vehemence en nos punitions , et nous enseigner de ne courir pas suz incontinent à ceulx qui nous auront offensez lors

La lenteur de la punition divine, exemple pour l'homme de ne pas châtier en colère.

que la cholere sera plus allumée, et que le cœur
en boudra et battra le plus fort en courroux, oultre et par dessuz le jugement de la raison, comme
si c'estoit pour assouvir et rassasier une grande
soif ou faim : ains en ensuyvant sa clemence et sa
coustume de dilayer, mettre la main à faire justice en tout ordre, à loisir, et en toute sollicitude, ayant pour conseiller le temps, qui bien
peu souvent se trouvera accompaigné de repentance : car, comme disoit Socrates, il y a moins
de dangier et de mal à boire par intemperance
de l'eau toute trouble, que non pas à assouvir
son appetit de vengeance sur un corps de mesme
espece et mesme nature que le nostre, quand
on est tant troublé de cholere et que l'on a le discours de la raison saisy de courroux et occupé
de fureur, avant qu'il soit bien rassys et du tout
purifié.

La ven-
geance éloi-
gnée de l'of-
fense est plus
près du de-
voir.

Car il n'est pas ainsy, comme escript Thucydides,
que la vengeance plus près elle est de l'offense,
plus elle est dans sa bienséance : mais au contraire,
plus elle en est esloignée, plus près elle est du
debvoir. Car, comme disoit Melanthius :

> Quand le courroux a deslogé raison,
> Il faict maint cas estrange en la maison.

Platon châ-
tioit sa co-
lère.

Aussy la raison faict toutes choses justes et mo-
derées, quand elle a chassé arriere de soy l'ire et
la cholere : et pourtant y en a-t-il qui s'appaisent
et s'addoulcissent par exemples humains, quand ils

entendent raconter, que Platon demoura longuement le baston leivé sur son valet : ce qu'il faisoit,
disoit-il, pour chastier sa cholere. Et Architas en Il ne faut
jamais châ-
tier étant en
colère.
une sienne maison des champs, ayant trouvé quelque fauste par nonchalance, et quelque desordre
de ses serviteurs, et s'en ressentant esmeu un peu
trop, et courroucé aspremeñt contre eulx, il ne
leur feit austre chose, sinon qu'il leur dict en s'en
allant : *Il vous prend bien de ce que je suis courroucé.*

S'il est doncques ainsy, que les propos notables
des anciens, et leurs faicts racontez, repriment
beaucoup de l'aspreté et vehemence de la cholere,
beaucoup plus est-il vray–semblable que nous
voyants comme Dieu mesme qui n'a crainte de rien,
n'y repentance auscune de chose qu'il face, néanmoins tire en longueur ses punitions, et en dilaye le
temps, en seront plus reservez et plus retenus en
telles choses, et estimeront que la clemence, longa- La patience
est une divi-
ne partie de
la vertu.
nimité et patience est une divine partie de la vertu,
laquelle par punition en chastie et corrige peu, et
punissant tard en instruict et admoneste plusieurs.
Et second lieu, considerons que les punitions de
justice, qui se font par les hommes, n'ont rien davantage que le contr'eschange de douleur, et s'ar-
restent à ce poinct, que celui qui faict du mal en
souffre, et ne passent point oultre, ains abboyants,
par manière de dire, après les crimes et forfaicts,
comme font les chiens, les poursuyvent à la trace.

Mais il est vray–semblable que Dieu, quand il
prend à corriger une ame malade de vice, reguarde

premierement ses passions, pour veoir si, en les
pliant un peu, elles se pourroyent point retourner
et fleschir à penitence, et qu'il demoure longuement avant que d'inferer la punition de ceulx
qui ne sont pas de tout poinct incorrigibles, et
sans auscune participation de bien, mesmement
quand il considere quelle portion de la vertu l'ame
a tirée de luy lorsqu'elle a esté produicte en estre,
et combien la generosité est en elle forte et puissante, non pas foible ne languissante; et que
c'est contre sa propre nature quand elle produict
des vices, par estre trop à son ayse, ou par con-
tagion de hanter maulvaise compaignie : mais puis
quand elle est bien et soigneusement pansée et
medecinée, elle reprend ayséement sa bonne habitude; à raison de quoy Dieu ne haste point
esgualement la punition à tous; ains ce qu'il
cognoist estre incurable, il l'oste incontinent de
ceste vie, et le retranche comme estant bien dom-
mageable aux autres, mais encores plus à soy-mesme, d'estre tousiours attaché à vice et à meschanceté. Mais ceulx en qui il est vray-semblable que la
meschanceté s'est empreincte, plus par ignorance
du bien que par volonté propensée de choisir le mal,
il leur donne temps et respit pour se changer : toutesfois, s'ils y perseverent, il leur tend aussy à la
fin leur punition; car il n'a point de paour qu'ils
luy eschappent. Et qu'il soit vray, considerez combien il se faict de grandes mutations ès mœurs et
vies des hommes; c'est pourquoy les Grecs les ont
appelées partie *Tropos*, et partie *Ethos* ; l'un pour

ce qu'elles sont subjectes à changement et à mutation ; l'austre pour austant qu'elles s'engendrent
par accoustumance , et demourent fermes quand
elles sont une fois imprimées.

Voilà pourquoy j'estime que les anciens appelle- Le roi Cé-
rent jadis le roy Cecrops *double* ; non pas comme crops appelé
double , et
auscuns disent, pource que d'un bon, doulx et cle- pourquoi.
ment roy, il devint aspre et cruel tyran, comme
un dragon ; mais au contraire, pource que du commencement ayant esté pervers et terrible , il devint
depuis fort gracieux et humain seigneur. Et s'il y a Tyrans qui,
de la doubte en celuy-là , bien sommes-nous asseu- après avoir
usurpé la
rez , pour le moins , que Gelon et Hieron, en la couronne, se
Sicile, et Pisistratus, fils de Hippocrates, ayants d'une ma-
sont conduits
acquis leurs tyrannies violentement et mescham- nière utile à
ment , en userent depuis vertueusement ; et estants leur pays.
arrivez à la domination par voyes illegitimes et injustes , ont esté depuis bons et utiles princes et seigneurs ; les uns ayants introduict de bonnes loyx
en leur païs, et faict bien cultiver et labourer les
terres , et rendu leurs citoyens et subjects bien con-
ditionnez, honnestes et aimants à travailler ; au
lieu qu'auparavant ils ne demandoyent qu'à jouër
et à rire , sans rien faire que grande chere. Qui
plus est, Gelon ayant très-vertueusement combattu
contre les Carthaginois , et les ayant deffaicts en
une grosse bataille , comme ils le requissent de
paix, il ne la leur voulut oncques octroyer, qu'ils
ne meissent entre les articles et capitulations de la
paix , que jamais plus ils n'immoleroyent leurs enfans à Saturne.

Tyran qui remet sa couronne.

Et en la ville de Megalopolis, Lydiadas ayant usurpé la tyrannie, au milieu de sa domination s'en repentit, et se feit conscience du tort qu'il tenoit à son païs : tellement qu'il rendit les loys et la liberté à ses citoyens, et depuis mourut en combattant vaillamment à l'encontre des ennemys, pour la deffense de sa patrie.

Punitions différées qui ont apporté de grands avantages.

Or, si quelqu'un d'adventure eust faict mourir Miltiadas cependant qu'il estoit tyran en la Chersonese, ou qu'un austre eust appelé en justice Cimon, de ce qu'il entretenoit sa propre sœur, et l'en eust faict condemner d'inceste ; ou Themistocle', pour les insolences et desbauches extresmes qu'il faisoit en sa jeunesse publicquement en la place, et l'en eust faict bannir de la ville, comme depuis ont fait Alcibiades pour semblable excez de jeunesse, n'eust-on pas perdu les glorieuses victoires de la plaine de Marathon, de la riviere d'Eurymedon, de la coste d'Artemise, là où, comme dict le poëte Pindare :

Ceulx d'Athenes ont planté
Le glorieux fondement
De la grecque liberté ?

Les grandes natures ne peuvent rien produire de petit.

Les grandes natures ne peuvent rien produire de petit, ny la vehemence et force actifve qui est en icelles ne peust jamais demourer oyseuse, tant elle est vifve et subtile, ains branslent tousiours en mouvement continuel, comme si elles flottoyent en tourmente, jusques à ce qu'elles soyent parvenuës

à une habitude de mœurs constante, ferme et per-
durable.

Tout ainsy doncques comme celuy qui ne se
cognoistra pas gueres en l'agriculture et au faict du
labourage, ne prisera pas une terre laquelle il
verra pleine de brossailles, de meschants arbres et
plantes sauvages, où il y aura beaucoup de bestes,
beaucoup de ruisseaux, et consequemment force
fange; et au contraire toutes ces marques-là et
austres semblables donneront occasion de juger
à qui s'y cognoistra bien la bonté et force de la
terre : aussy les grandes natures des hommes mettent hors dès leur commencement plusieurs estranges et maulvaises choses, lesquelles nous, ne
pouvants supporter, pensons qu'il faille incontinent coupper et retrancher ce qu'il y a d'aspre et
de poignant. Mais celuy qui en juge mieulx, voyant
de là ce qu'il y a de bon et de généreux, attend
l'aage et la saison qui sera propre à favoriser la
vertu et la raison, auquel temps celle forte nature
sera pour exhiber et produire son fruict. Mais à
tant est-ce assez de cela.

*La nature, violente d'a-
bord, mûrit ensuite et
produit les plus grands
effets.*

Au reste, ne vous semble-t-il pas qu'il y a quelques-uns d'entre les Grecs qui ont à bon droict
transcrit et receu la loy d'Egypte, laquelle com-
mande, s'il y a auscune femme enceinte qui soit
atteincte de crime pour lequel elle doibve justement mourir, qu'on la guarde jusques à ce qu'elle
soit deslibvrée. *Oui certes*, respondirent-ils tous.
Et bien doncques, dis-je, s'il y a auscun qui n'ayt
pas des enfants dans le ventre, mais bien quelque

*Loi qui dé-
fend de faire
mourir une
femme en-
ceinte attein-
te de crime.*

bon conseil en son cerveau , ou quelque grande
entreprise en son entendement, laquelle il soit pour
produire en esvidence , et la conduire à effect
avecques le temps , en descouvrant quelque mal
caché et latent , ou bien en mettant quelque bon
advis et conseil utile et salutaire en avant , ou en
inventant quelque necessaire expedient , ne vous
semble-t-il pas que celuy faict mieulx , qui dif-
fere l'execution de la punition jusques à ce que
l'utilité en soit venüe , que celuy qui l'anticipe
et va au-devant ? Car quant à moi , certainement
il me semble ainsy : *Et à nous aussy* , respondict
Patrocles.

Il est ainsy : car voyez si Dionysius eust esté
puny de son usurpation dès le commencement de
sa tyrannie , il ne feust demouré pas un Grec habitant en toute la Sicile , parce que les Carthaginois l'eussent occupée , qui les en eussent tous
chassez : comme austant en feust-il advenu à la
ville d'Apollonie , d'Anactorium , et à toute la
peninsule des Leucadiens , si Periander eust esté
puny , que ce n'eust esté bien long-temps après :
et quant à moy je pense que la punition de Cassander feut differée jusqu'à ce que par son moyen
la ville de Thebes feust entierement rebastie et repeuplée. Et plusieurs des estrangiers qui saisirent
ce temple où nous sommes , du temps de la guerre
sacrée passerent avecques Timoleon en la Sicile ,
là où , après qu'ils eussent deffaicts en bataille les
Carthaginois , et aboly plusieurs tyrannies , ils pe-
rirent tous meschamment , comme meschants qu'ils

Souvent les dieux employent les méchans comme des bourreaux pour en punir de plus méchans.

estoyent : car Dieu quelquefois se sert d'auscuns meschants comme de bourreaux, pour en punir d'austres encores pires, et puis après il les destruict eulx-mesmes, comme il faict, à mon advis, de la pluspart des tyrans.

Et tout ainsy que le fiel de la beste sauvage, qui s'appelle hyaine, et la presure du veau marin, et austres parties des bestes venimeuses, ont quelque propriété utile aux maladies ; aussy Dieu, voyant des citoyens qui ont besoing de morsure et de chastiment, leur envoye un tyran inhumain, ou un seigneur aspre et rigoureux, pour les chastier, et ne leur oste jamais ce travail-là, qui les tourmente et qui les fasche, qu'il n'ayt bien purgé et guary ce qui estoit malade.

Ainsy feut baillé pour telle medecine Phalaris aux Agrigentins, et Marius aux Romains ; et Apollo mesme respondict aux Sicyoniens, que leur cité avoit besoing de maistres fouëttans qui les fouëttassent à bon escient, quand ils voulurent oster par force aux Cleoneïens un jeune garson nommé Teletias, qui avoit esté couronné en la feste des jeux pythicques, voulant dire qu'il estoit de leur ville et leur citoyen ; et le tirerent si fort à eux, qu'ils le demembrerent. Et depuis ils eurent Orthagoras pour tyran, et après luy Myron, et Cleisthenes, qui les tindrent de si court qu'ils les guarderent bien de faire des insolents et des fols : mais les Cleoneïens, qui n'eurent pas une pareille medecine, par leur folie sont venus à néant. Et vous voyez qu'Homere mesme dict en un passage :

Les rois méchans sont des fléaux que les dieux envoient sur la terre.

Le fils en toute espèce de valeur ,
Plus que le père, est de beaucoup meilleur.

Iliad. liv. 15.

Combien que le fils de ce Copreus ne feit jamais
acte quelconque memorable ne digne d'un homme
d'honneur ; là où la postérité d'un Sisyphus , d'un
Autolycus et d'un Phlegias , a flory en gloire et
honneur parmy les roys et plus grands seigneurs.
Et à Athenes , Pericles estoit yssu d'une maison
excommuniée et mauldicte ; et à Rome , Pom-
peius, surnommé *le Grand,* estoit fils d'un Strabon,
que le peuple romain avoit en si grande haine ,
que quand il feust mort il en jecta le corps à terre
de dessuz le lict où l'on le portoit , et le foula aux
pieds.

Quel inconvenient doncques y a-il , si en plus en
moins que le laboureur ne couppe jamais le ramage
espineux que premierement il n'ayt cueilly l'asperge , ny ceulx de la Libye ne bruslent jamais la
tige et le branchage du ladalon , qu'ils n'en ayent
devant recueilly et amassé la gomme aromaticque ;
aussy Dieu ne couppe pas par le pied la souche de
quelque illustre et royale famille qui soit meschante
et malheureuse, devant qu'il en soit né quelque bon
et prouffitable fruict qui doibt sortir : car il eust
mieulx valu pour ceulx de la Phocide , que dix
mille bœufs et austant de chevaulx d'Iphitus fussent morts, et que ceulx de Delphes eussent encore
perdu plus d'or et d'argent , que ny Ulysses ny
Æsculapius n'eussent point esté nez , et les austres
au cas pareil qui estans nez de parents vicieux et

meschants , ont esté gents de bien , et grandement
prouffitables au public. Et ne debvons-nous pas
estimer qu'il vault beaucoup mieulx que les punitions se facent en temps et en la manière qu'il appartient , que non pas à la haste et tout sur le
champ, comme feut celle de Callippus, Athenien,
qui faisant semblant d'estre amy de Dion , le tua
d'un coup de dague , de laquelle lui-mesme depuis
feut tué par ses propres amys ; et celle de Mitius ,
Argien , lequel ayant esté tué en une esmotion et
sedition populaire , depuis en pleine assemblée de
peuple , qui estoit assemblé sur la place pour veoir
jouër des jeux , une statue de bronze tomba sur le
meurtrier qui l'avoit tué , et le massacra : et semblablement aussy celle de Bessus , Pæonien , et
d'Ariston , Oëteyen , deux colonnels de gents de
pied , comme vous le debvez bien sçavoir , Patrocles. *Non-fais certes* , dict-il , *mais je le vouldrois
bien apprendre.*

Tyran mas-
sacré par la
chute d'une
statue de
bronze.

Cestuy Aristod avoit emporté de ce temple les
bagues et joyaux de la royne Eriphyle, qui de long-
temps estoyent guardez en ce temple par octroy et
congé des tyrans qui tenoyent ceste ville , et les
porta à sa femme , et luy en feit un present ; mais
son fils estant entré en querelle pour quelque occasion avecques sa mere , meit le feu dedans sa maison , et brusla tout ce qui estoit dedans. Et Bessus
ayant tué son pere , feut un bien long-temps sans
que personne en sçeust rien , jusques à ce qu'un
jour , estant allé soupper chez quelques siens hos-
tes , il percea du fer de sa picque et abbatit le nid.

Assassin dé-
couvert par
lui-même.

d'une arondelle , et tua les petits qui estoyent dedans ; et comme les assistants luy dissent : Dea ,
capitaine , comment vous amusez-vous à faire un
tel acte , où il y a si peu de propos ? *Si peu de pro-*
pos, dict-il ? *et comment , ne crie-t-elle pas ordi-*
nairement à l'encontre de moy, et tesmoigne faul-
sement que j'ay tué mon pere ? Ceste parole ne
tomba pas en terre, ains feut bien recueillie des assistants, qui en estants fort esbahys , l'allerent incontinent deceler au roy, lequel en feit si bonne
inquisition que le faict feut averé, et Bessus puny
de son parricide. Mais quant à cela , dis-je, nous
le discourons, supposant, comme il a esté proposé
et tenu pour confessé , que les meschants ayent
quelque delay de punition ; mais au demourant ,
il fault bien prester l'aureille au poëte Hesiode ,
qui dict , non pas comme Platon , que la peine
suit le peché et la meschanceté, ains qu'elle luy est
esguale d'aage et de temps , comme celle qui naist
ensemble en une mesme terre et d'une mesme
racine.

Au poëme
intitulé : les
OEuvres.

Maulvais conseil est pire à qui le donne.

Et ailleurs :

Qui à austruy mal ou perte machine ,
A son cœur propre il procure ruine.

Celui qui
machine la
perte des au-
tres, travaille
à la sienne
propre.

L'on dict que la mouche cantharide a en soy-
mesme quelque partie qui sert contre sa poison de
contre-poison, par une contrarieté de nature: mais
la meschanceté engendrant elle-mesme ne sçay

quelle desplaisance et punition , non point après
que le delict est commeis , mais dès l'instant mesme
qu'elle le commet , commence à souffrir la peine
de son malefice ; et chasque criminel que l'on
punit , porte dehors , sur ses épaules , sa propre
croix : mais la meschanceté d'elle-mesme fabric-
que ses tourments contre elle-mesme , estant merveilleuse ouvriere d'une vie miserable, qui, avecque
honte et vergogne, a de grandes frayeurs , des perturbations d'esprit terribles , et des regrets et in-
quietudes continuelles.

Mais il y a des hommes qui ressemblent proprement aux petits enfants , lesquels voyants bien souvent baller et jouër de gents qui ne valent rien , sur
les eschaffaulx où l'on jouë quelques jeux , vestus de
sayes de drap d'or et de grands manteaux de pourpre , couronnez de couronnes , les ont en estime
et admiration , comme les reputans bien — heureux
jusques à ce qu'ils voyent à la fin qu'on les vient
percer , les uns à coups de javeline , les austres
fouëtter , ou bien qu'ils voyent sortir le feu ardent
de ces belles robbes d'or-là , si précieuses et si riches. Car , à dire vray , plusieurs meschants qui
tiennent les grands lieux d'aucthorité et les grandes
dignitez , ou qui sont extraicts des grandes maisons et lignées illustres , on ne cognoist pas qu'ils
soyent chastiez et punis , jusques à ce que l'on
les voye massacrer ou precipiter ; ce que l'on
ne debvroit pas appeller *punition* simplement ,
mais *achevement et accomplissement de pu-*
nition.

On croit
souvent voir
les rois sous
le masque des
comédiens.

Herodicus fut le premier qui allongea la vie des pulmoniques.

Car ainsy comme Herodicus de Selibrée , estant tombé en la maladie incurable de phthisie , qui est quand on crache le poulmon , feut le premier qui conjoignit à l'art de la medecine celle des exercices ; et comme dict Platon , en ce faisant il allongea sa mort , et à luy et à tous les austres malades atteincts de pareille maladie : aussy pouvonsnous dire que les meschants qui eschappent le coup de la punition presente , sur le champ payent la peine deuë à leurs malefices ; non enfin après longtemps , mais par plus long-temps , et non pas plus lente , mais plus longue : et ne sont pas finalement punis après qu'ils sont enveillis ; ains , au contraire ils enveillissent en estant toute leur vie punis : encores quand j'appelle long-temps , je l'entends au reguard de nous ; car au reguard des dieux , toute durée de la vie humaine , quelque longue qu'elle soit , est uu rien , et austant que l'instant de maintenant.

La brièveté de la vie rend toujours la punition prompte quoique éloignée du crime.

Et qu'un meschant soit puny de son forfaict trente ans après qu'il l'a commeis , est austant comme s'il estoit gehenné ou pendu sur les vespres , et non pas dès le matin : mesmement quand il est detenu et enfermé en vie , comme en une prison , dont il n'y a moyen de sortir n'y de s'enfuyr ; et si cependant ils font des festins , qu'ils entrepreunent plusieurs choses , qu'ils facent des presents et des largesses ; voire et qu'ils s'esbattent à plusieurs jeux , c'est ne plus ne moins que quand les criminels qui sont en prison jouënt aux osselets ou aux dez , ayants tousiours le cordeau dont ils doibvent estre estranglez , pendu au-dessuz de leur teste : austrement on pourroit dire que les criminels condemnez à mort, ne sont point punis pendant qu'ils sont detenus aux fers en la prison, jusques à ce qu'on leur ayt couppé la teste ; ny celuy qui a, par sentence des juges, avallé le breuvage de ciguë, pource qu'il demoure encores vif quelque espace de temps après, attendant qu'une poisanteur de jambes luy vienne, et qu'un gelement et extinction de tous les sentimens le surprenne, s'il est ainsy que nous ne voulions estimer ny appeller punition sinon le dernier poinct et article d'icelle, et que nous laissions en arriere les passions, les frayeurs, les atteintes de la peine, les regrets et repentances, dont chascun meschant est travaillé en sa conscience, qui seroit tout austant que si nous disions que le poisson, encores qu'il ayt avallé l'hameçon, n'est point prins, jusques à ce que nous le voyons couppé par pièces, et rousty par les cuisiniers.

Car tout meschant qui commet un malefice, est aussy-tost prisonnier de la justice comme il l'a commeis, et qu'il a avallé l'hameçon de la doulceur et du plaisir qu'il a prins à le faire ; mais le remords de la conscience luy en demoure imprimé, qui le tire et le gehenne.

Le méchant devient prisonnier de la justice, du moment de son crime.

> Comme le thun de course vehemente,
> De la grand'mer traverse la tourmente.

Car ceste audace, temerité et insolence-là, qui est propre au vice, est bien puissante et prompte jusques à l'effet et execution des malefices ; mais puis après, quand la passion , comme le vent , vient à luy deffaillir , elle demoure foible et basse , subjecte à infinies frayeurs et superstitions ; de sorte que je trouve que Stesichorus a feinct un songe de Clitæmnestra , conforme à la vérité et à ce qui se faict coustumierement , en telles paroles :

> Arriver j'ai veu en mon somme
> Un dragon à la teste d'homme :
> Dont le roy, comme il m'a paru ,
> Plisthenidas est apparu.

Les méchans sont continuelle-ment troublés par les songes et les frayeurs. Car , et les visions des songes , et les apparitions de fantosmes en plein jour , les responses des oracles , les signes et prodiges celestes , et bref tout ce que l'on estime qui se faict par la volonté de Dieu , ammeine de grands troubles et de grandes frayeurs à ceulx qui sont ainsy disposez ; comme l'on dict qu'Apollodorus , en dormant , songea quelquefois qu'il se voyoit escorcher par les Scythes , et puis bouillir dedans une marmite , et luy estoit advis que son cœur , du dedans de la marmite , murmuroit en disant : *Je te suis cause de tous ces maulx;* et d'un austre costé luy feut advis qu'il voyoit ses filles toutes ardentes de feu , qui couroyent à l'entour de luy.

Et Hipparchus , le fils de Pisistratus , un peu devant sa mort , songea que Venus luy jectoit du sang au visage de dedans une fiole. Et les familiers de Ptolomeus , celuy qui feut surnommé *la Fouldre,* en songeant penserent veoir que Seleucus l'appelloit

en justice devant les loups et les vautours , qui estoyent les juges, et que luy distribuoit grande quan-
tité de chair aux ennemys.

Et Pausanias , estant en la ville de Bysance , envoya querir par force Cleonice , jeune fille de honneste maison et de libre condition , pour l'avoir à
coucher la nuict avecques luy ; mais estant à demy
endormy quand elle vint , il s'esveilla en sursault,
et luy feut advis que c'estoyent quelques ennemys
qui le venoyent assaillir pour le faire mourir ; tellement qu'en c'est effroy il la tua toute roide : depuis
luy estoit ordinairement advis qu'il la voyoit, et en-
tendoit qu'elle luy disoit :

> Chemine droict au chemin de justice,
> Très-grand mal est aux hommes l'injustice.

Et comme ceste apparition ne cessa point de s'apparoir toutes les nuicts à luy, il feut à la fin contraint
d'aller jusques en Heraclée , où il y avoit un temple
auquel on evocquoit les ames des trepassez ; et là ,
ayant faict quelques sacrifices de propitiations , et
luy ayant offert les effusions funebres que l'on res-
pand sur les sepultures des morts , il feit tant qu'il
la feit venir en sa presence , là où elle luy dict que
quand il serait arrivé à Lacedæmone, il auroit repos
de ses maulx : et de faict , il n'y feut pas plus tost
arrivé qu'il y mourut. Tellement que si l'ame n'a
sentiment auscun après le trepas , et que la mort
soit le but et la fin de toute retribution et de toute
punition , l'on pourroit dire à bon droict des
meschants qui sont promptement punis , et qui

La mort se-
rait une pu-
nition trop
douce pour
les méchans ,
si c'était la
fin de leurs
maux.

meurent incontinent après leurs meffaicts commeis, que les Dieux les traictent trop mollement et trop doulcement.

Car si le long temps et la longue durée de vie n'apporte austre mal aux meschants, au moins peust-on dire qu'ils ont celuy-là, que ayants cogneu et adveré par espreuve et par experience, que l'injustice est chose infructueuse, sterile et ingrate, qui n'apporte fruit auscun, ne rien qui merite que l'on en face estime, après plusieurs grands labeurs et travaulx qu'elle donne, le remords de cela leur met l'ame sans-dessuz-dessoubs : comme on list que Lysimachus, estant forcé par la soif, livra sa propre personne et son armée aux Getes ; et après qu'il eust beu, estant prisonnier il dict : *O Dieux ! que je suis lasche, qui pour une volupté si courte me suis privé d'un si grand royaulme ?* combien qu'il soit bien difficile de resister à la passion d'une necessité naturelle.

Roi qui
sacrifie son
royaume
pour apaiser
sa soif.

Mais quand l'homme, pour la convoitise de quelque argent, ou par envie de la gloire ou de l'auctorité et credit de ses concitoyens, ou pour le plaisir de la chair, vient à commettre quelque cas meschant et execrable, et puis avecque le temps que l'ardente soif et fureur de sa passion est passée, qu'il veoit qu'il ne luy en est rien demouré que les villaines et perilleuses perturbations de l'injustice, et rien d'utile ny de necessaire ou delectable, nest-il pas vraysemblable que bien souvent luy revient ce remords en l'entendement, que par vaine gloire ou par volupté deshonneste il a remply toute sa vie de honte, de deffiance et de dangier? Car ainsi comme Si- monides souloit dire, en se joüant, qu'il trouvoit tousiours le coffre de l'argent plein, et celuy des graces et benefices vuide; aussy les meschants, quand ils viennent à considerer le vice et la meschanceté en eulx-mêmes, à travers une vo- lupté qui a peu de vain plaisir present, ils la trouvent destituée d'esperance et pleine de frayeurs, de regrets, d'une soubvenance fascheuse, et de sous- peçon de l'advenir, et de deffiance pour le pre- sent : ne plus ne moins que nous oyons dire à Ino par les theatres, se repentant de ce qu'elle a commeis :

Las que fussé-je, amies, demourante
En la maison d'Athamas florissante,
Comme devant, sans y avoir commeis
Ce qu'à effect malheureux je y meis !

Aussy il est vray-semblable que l'ame de chasque criminel et meschant rumine en elle-mesme, et discourt en ce poinct : Comment pourrois-je, en chassant arriere de moy le soubvenir de tant de meffaicts que j'ai commeis, et le remords d'iceulx, recommencer à meiner toute une austre vie? Pource que la meschancheté n'est point asseurée, ferme, ny constante, ny simple en ce qu'elle veult; si d'adventure nous ne voulions maintenir que les meschants feussent quelques sages philosophes, ains fault estimer que là où il y a une avarice ou une concupiscence de volupté extresme, ou une envie excessifve logée avecques une aspreté et ma-

noncent une superstition cachée et une paresse au travail.

lignité , là , si vous y prenez de près guarde , vous trouverez aussy une superstition cachée , une paresse au labeur , une crainte de la mort , une soubdaineté legere à changer d'affections , une vaine gloire procedant d'arroguance.

Ils redoubtent ceulx qui les blasment ; ils craignent ceulx qui les loüent, sçachants bien qu'ils leur tiennent tort en ce qu'ils les trompent , et comme estants grands ennemys des meschants , d'austant qu'ils loüent si affectueusement ceulx qu'ils cuident estre gents de bien : car au vice , ce qu'il y a d'aspre , comme au maulvais fer , est pourry , et ce qui y est dur est facile à rompre. Et pourtant , apprenants en un long temps à se mieulx cognoitre tels qu'ils sont , quand ils se se sont bien cogneus , ils se desplaisent à eux-mesmes , et s'en hayssent , et ont en abomination leur vie. Car il n'est pas vray – semblable que si le meschant , ayant rendu un depost qui auroit esté deposé entre ses mains , ou plegé un sien familier ou faict quelque largesse avecques honneur et gloire au public de son païs , s'en repent incontinent, et est marry de l'avoir faict, tant sa volonté est muable

On applaudit souvent à des gens qui sont bien malheureux dans l'intérieur.

et facile à se changer; de manière qu'il y en a qui , ayant l'honneur d'estre receus de tout le peuple en plein theatre, avecques applaudissements de mains , incontinent gemissent en eulx-mesmes , parce que l'avarice se tourne incontinent au lieu de l'ambition : que ceulx qui sacrifient les hommes pour usurper quelques tyrannies , ou pour venir au-dessuz de quelques conspirations , comme feit

Apollodorus, ou qui font perdre les biens à leurs amis, comme Glaucus, fils de Epicydes, ne s'en repentent point et ne s'en hayssent point eulx-mesmes, et ne soyent desplaisants de ce qu'ils ont faict.

Car quant à moy, je pense, s'il est licite de ainsy le dire, que tous ceulx qui commettent telles impietez, n'ont besoing d'auscun dieu ny d'auscun homme qui les punisse, parce que leur vie seule suffit assez, estant corrompue et travaillée de tout vice et toute meschanceté. Mais advisez si desormais ce discours ne s'estend point plus avant en durée que le temps ne permet. Adoncques Timon respondict : Il pourroit bien estre, dict-il, eu esguard à la longueur de ce qui suit après et qui reste encores à dire; car quant à moy, j'ameine sur les renes, comme un nouveau champion, la derniere question, d'austant qu'il me semble avoir esté suffisamment desbattu sur les precedentes. Et pensez que nous austres, qui ne disons mot, faisons la mesme plaincte que faict Euripides, reprochant librement aux dieux que

> Sur les enfants les fautes ils rejectent,
> Et les pechez que leurs pères commettent.

Car soit que ceulx mesmes qui ont commeis la fauste en ayant esté punis, il n'est plus besoing d'en punir d'austres qui n'ont point offensé, attendu qu'il ne seroit pas raisonnable de chastier deux fois ceulx mesmes qui auroyent failly; soit que, ayant ob-

La vie du méchant, fatiguée de remords, suffit à sa punition.

Il ne faut jamais punir dans les enfans la faute des pères.

meis par negligence à faire la punition des meschants qui ont faict les offenses, ils la veulent longtemps après faire payer à ceulx qui n'en peuvent mais, ce n'est pas bien faict de vouloir par injustice r'habiller leur negligence.

Esope précipité d'une roche et pourquoi.

Comme l'on raconte d'Æsope que jadis il vint en ceste ville avecques bonne somme d'or, euvoyé de la part du roy Crœsus, pour y faire de magnificques sacrifices au dieu Apollo, et distribuer à chasque citoyen quatre escus. Il advint qu'il entra en quelque differend à l'encontre de ceulx de la ville, et se courroucea à eulx de maniere qu'ayant faict les sacrifices, il envoya le reste de l'argent en la ville de Sardis, comme n'estants pas les habitants de Delphes dignes de jouyr de la liberalité du roy : dequoy eulx estants indignez luy meirent suz qu'il estoit sacrilege de retenir ainsy cest argent sacré ; et de faict, l'ayant condemné comme tel, le precipiterent du hault en bas de la roche que l'on appelle Hyampie.

Dequoy le dieu feut si fort courroucé, qu'il leur envoya sterilité de la terre et diverses sortes de maladies estranges, tellement qu'ils furent à la fin contraincts d'envoyer par toutes les festes publicques et assemblées generales des Grecs, faire proclamer à son de trompe s'il y avoit auscun de la parenté d'Æsope qui voulust avoir satisfaction de sa mort, qu'il vinst, et qu'il l'exigeast d'eulx telle comme il vouldroit, jusques à ce qu'à la troisiesme generation il se presenta un Samien, nommé Idmon, qui n'estoit auscunement parent d'Æsope,

aïns seulement de ceulx qui premieremeut l'avoyent
achepté en l'isle de Samos, et les Delphiens luy ayant
faict quelque satisfaction , furent deslibvrez de
leurs calamitez ; et dict-on que depuis ce temps-là
le supplice des sacrileges feut transferé de la roche
d'Hyampie à celle de Nauplie. Et ceulx mesmes qui
aiment le plus la memoire d'Alexandre-*le-Grand* ,
entre lesquels nous sommes , ne peuvent approuver
ce qu'il feit en la ville des Branchides , laquelle il
ruina toute, et en passa tous les habitants au fil
de l'espée , sans discretion d'aage ny de sexe , pour
austant que leurs ancetres avoyent anciennement
livré par trahison le peuple de Milet.

Et Agathocles , le tyran de Syracuse , lequel en
riant se mocqua de ceulx de Corfou , qui luy de-
manderent pour quelle occasion il fourrageoit leur
isle : *Pour austant*, dict-il, *que vos ancestres jadis
reçurent Ulysse.* Et semblablement comme ceulx
de l'isle d'Ithace se plaignissent à luy de ce que ses
souldards prenoyent leurs moutons : *Et votre roy*,
leur dict-il, *estant jadis venu en la nostre , ne
print pas sculement nos moutons , mais davantage creva l'œil à notre berger.* Ne vous semble-il
pas doncques qu'Apollo a encores plus grand tort
que tous ceulx-là de perdre et ruiner les Pheneates,
ayant bouché l'abysme où se souloyent perdre les
eaux qui maintenant noyent tout leur païs , pour
austant qu'il y a mille ans , comme l'on dict que
Hercules , ayant enleivé aux Delphiens le trepié à
rendre les oracles , l'emporta en leur ville à Phenée,
et d'avoir respondu aux Sybarites que leurs miseres

Filles en-
voyées tous
les ans à
Troye , en
expiation de
la luxure
d'Ajax.

cesseroyent quand ils auroyent appaisé l'ire de Juno Leucadienne par trois mortalitez ? Il n'y a pas encores long-temps que les Locriens ont desisté et cessé d'envoyer tous les ans de leurs filles à Troye ,

> Où les pieds nuds , sans auscune vesture ,
> Sans voile auscun ny honneste coeffure ,
> Ne plus ne moins qu'esclayes , tout le jour ,
> Dès le matin elles sont sans sejour ,
> A ballier de Pallas la déesse
> Le temple sainct , jusques en leur vieillesse ,

en punition de la luxure d'Ajax : comment est-ce que cela sçauroit estre ne raisonnable ne juste , veu que nous blasmons mesme les Thraces de ce que l'on dict , que jusques aujourd'huy ils frisent leurs femmes au visage , en vengeance de la mort d'Orpheus : et ne loüons pas non plus les barbares qui habitent au long du Pô , lesquels, à ce que l'on dict , portent encores le deuil , et vont vestus de noir , à cause de la ruine de Phaëthon ? car c'est à mon advis chose encores plus sotte et digne de mocquerie , si ceulx qui feurent du temps de Phaëthon ne se soucioyent point austrement de sa cheute que ceulx qui sont venus depuis cinq ou six aages après son accident , ayent commencé à changer de robbes et en porter le deuil ; mais toutesfois en cela il n'y auroit que la sottise seule , et rien de mal n'y de dangier ou inconvenient davantage : mais quelle raison y a-il , que le courroux des dieux s'estant caché sur le poinct du meffaict, comme font auscunes rivieres, se monstrant puis après contre d'austres se termine en extresmes calamitez? Si-tost qu'il eut un peu entre-rompu son propos, craignant qu'il n'alleguast encores plus d'inconvenients et de plus grands, je luy demandai sur le champ : *Et bien,* dis-je, *estimez-vous que tout cela soit vray ?* Et luy me respondict, encores que le tout ne feust pas vray, ains partie seulement, tousiours pourtant demoure la mesme difficulté.

A l'adventure donc que ceulx qui ont une bien grosse et bien forte fiebvre, endurent et sentent tousiours au dedans une mesme ardeur, soit qu'ils soyent peu ou prou couverts et vestus, toutesfois pour les consoler un peu, et leur donner quelque allegement, encores leur faust-il diminuer la couverture, mais si tu ne veulx, à ton commandement ; toutesfois je te dis bien, que la pluspart de ces exemples-là ressemblent proprement aux fables et contes faicts à plaisir. Mais au demourant rameine un peu en ta mémoire la feste que l'on a celebrée n'a gueres à l'honneur de ceulx qui ont austrefois reçeu les dieux en leurs maisons, et de celle honnorable portion que l'on met à part, et que par la voix du herault on publie, que c'est pour les descendants du poëte Pindare : et te souvienne comment cela te sembla fort honnorable et agreable. Et qui est celuy, dict-il, qui ne prendroit plaisir à veoir la preference d'honneur ainsy naïvement, rondement, et à la vieille mode des Grecs, attribuée ? s'il n'avoit, comme dict le mesme Pindare,

> Le cœur de metail noir et roide
> Forgé avecques flamme froide.

Je laisse aussy , dis–je , le cri public semblable à celuy-là qui se faict en la ville de Sparte , après le canticque Lesbien , en l'honneur et soubve-nance de l'ancien Terpander ; car il y a mesme raison.

On doit ho-norer dans les descen-dans ceux qu'on n'a pas récompensés pendant leur vie.

Mais vous qui estes de la race de Philtiades , di-gnes d'estre preferez à tous austres , non-seulement entre les Bœotiens , mais aussy entre les Phoceïens , à cause de vostre ancestre Daïphantus , vous me secondastes et favorisastes quand je mainteins aux Lycomiens et Satilayens , qui prochassoyent d'avoir l'honneur et la prerogatifve de porter couronnes deuës par nos statuts aux Heraclides , que tels honneurs et telles prerogatifves debvoyent estre in-violablement conservées et guardées aux descen-dants de Hercules , en recognoissance des biens qu'il avoit par le passé faicts aux Grecs , sans en avoir eu de son vivant digne loyer ny recompense. Tu nous as , dict-il , meis sur une dispute fort belle et merveilleusement bien seante à la philo-sophie.

Or laisses doncques , luy dis-je , amy, je te prie , ceste vehemence d'accuser , et ne te corrouce pas , si tu veois que quelques-uns pour estre nez de maul-vais et meschants parents sont punis : ou bien ne t'esjouys doncques pas , et ne louë pas , si tu veois aussy que la noblesse soit honnorée. Car si nous ad-voüons que la recompense de vertu se doibve rai-

sonnablement continuer en la posterité , il faust
aussi consequemment que nous estimions que la punition ne doibt pas faillir ne cesser quand et les
meffaicts , ains reciprocquement selon le debvoir ,
courir suz les descendants des malfaicteurs. Et celui qui veoit volontiers les descendants de Cimmon
honnorez à Athènes , et au contraire se fasche
et a desplaisir de veoir ceulx de la race de Lacha-
res ou d'Ariston bannis et deschassez , celuy-là est
par trop lasche et trop mol , ou pour mieulx dire ,
trop hargneux et querelleux envers les dieux , se
plaignant d'un costé , s'il veoit que les enfants d'un
meschant et malheureux homme prosperent : et
se plaignant de l'austre costé au contraire , s'il
veoit que la posterité des meschants soit abbais-
sée , ou bien du tout effacée : et accusant les dieux ,
si les enfants d'un meschant homme sont affligez ,
tout austant comme si c'estoyent ceulx d'un homme
de bien ; mais quant à ces raisons-là , fais compte
que ce soyent comme des barrieres ou remparts à
l'encontre de ces trop aspres repreneurs et accusa-
teurs-là.

Mais au demourant reprenons de rechef le bout
de nostre peloton de filet , comme en un lieu te-
nebreux , et où il y a plusieurs tours et destours ,
qui est la matière des jugements des dieux , et
nous conduisons avecques crainte retenue tout
doulcement à ce qui est plus probable et plus
vray-semblable : attendu que des choses que nous
faisons et que nous manions nous-mesmes , nous
n'en sçaurions pas assuréement dire la certaine

Moyens dont
les anciens
se servaient
pour empê-
cher les en-
fans des pères
étiques ou hy-
dropiques de
gagner ces
maladies.verité. Comme , pourquoy est-ce que nous faisons tenir assis , les pieds trempants dedans l'eau , les enfants qui sont nez de peres qui meurent eticques ou hydropicques , jusques à ce que les corps de leurs peres soyent entierement consommiez du feu , d'austant que l'on a opinion que par ce moyen ces maladies-là ne passent point aux enfants , et ne parviennent point jusques à eulx.

Et pourquoy c'est , que si une chevre prend en sa bouche de l'herbe qui se nomme *Eryngium* , le chardon à cent testes , tout le trouppeau s'arreste , jusques à ce que le chevrier vienne oster ceste herbe à la chevre qui l'a en la gueule ; et d'austres proprietez occultes , qui par attouchements secrets et passages de l'un à l'austre , font des effects incroyables , tant en soubdaineté qu'en longueur de distance : mais nous nous esbahissons de la distance et intervalle des temps , et non pas des lieux , et neantmoins il y a plus d'occasion de s'esbahir et esmerveiller , comment d'un mal ayant commencé en Æthiopie , la ville d'Athenes a esté remplie , de maniere que Pericles en est mort , et Thucydides en a esté malade , que non pas si les Phociens et les Sybarites , ayant commeis quelques meschancetez , la punition en soit tombée sur leurs enfants et leurs descendants ; car ces proprietez occultes-là ont des correspondances des derniers aux premiers , et des secrettes liaisons , desquelles la cause , encores qu'elle nous soit incogneuë , ne laisse pas de produire ses propres effects.

Mais à tout le moins y a-il raison de justice toute

apparente et prompte à la main , quant aux publicques vengeances surannées des villes et citez , parce que la ville est une mesme chose et continuée , ne plus ne moins qu'un animal , lequel ne sort point de soy-mesme pour les mutations d'aages , ny ne devient point austre et puis austre , pour quelque succession de temps qu'il y ayt , ains est tousiours conforme et propre à soy-mesme , recepvant tousiours ou la grace du bien ou la coulpe du mal , de tout ce qu'elle faict ou qu'elle a faict en commun , tant que la société qui la lie maintient son unité ; car de faire d'une ville plusieurs , ou bien encores innumerables en la divisant par intervalles de temps, c'est austant comme qui vouldroit faire d'un homme plusieurs pour austant que maintenant il seroit vieil , ayant esté paravant jeune , et encores plus avant , garçon ; ou, pour mieulx dire , cela ressembleroit proprement aux ruses d'Epicharmus , dont a esté inventé et meis en avant la maniere d'arguer des sophistes , qu'ils appellent *l'argument croissant*.

Argument croissant des sophistes.

Car celuy qui a pieça emprunta de l'argent , ne le doibt pas maintenant, attendu que ce n'est plus luy , et qu'il est devenu un austre ; et celuy qui feut hier convié à soupper , y vient aujourd'huy sans mander , attendu qu'il est devenu un austre , combien que les aages facent encores de plus grandes differences en un chascun de nous , qu'elles ne font ès villes et citez ; car qui auroit veu la ville d'Athenes il y a trente ans , la recognoistroit encores toute telle aujourd'huy qu'elle estoit alors , et les

L'âge influe plus sur les hommes que sur les villes.

mœurs, les mouvements, les jeux, les façons de
faire, les plaisirs, les courroux et deplaisirs du
peuple qui est à présent, ressemblent totalement à
ceulx des anciens. Là où d'un homme, si l'on est
quelque temps sans le veoir, quelque familier ou
amy que l'on luy soit, à peine peust-on recognoistre
le visage : mais quant aux mœurs qui se müent et
changent facilement par toute raison, toute sorte
de travail ou d'accident, ou mesme de loy, il y a
de si grandes diversitez que ceulx qui s'entre-
voyent et se hantent ordinairement en sont tous esmerveillez : ce neantmoins l'homme est tousiours
tenu et reputé pour un mesme, depuis sa naissance
jusques à sa fin, et au cas pareil la ville demoure
tousiours une mesme : à raison de quoy nous jugeons
estre raisonnable qu'elle soit participante du blasme
de ses ancestres, ne plus ne moins qu'elle se sent
aussy de la gloire et de la puissance d'iceulx, ou
bien nous ne nous donnerons guarde que nous

Rivière d'Hé- jecterons toutes choses dedans la riviere de Hiera-
raclitus qui
passait pour clitus, en laquelle on dicte que l'on ne peust ja-
changer la mais entrer deux fois, d'austant quelle mue et
nature de
tous ceux qui change la nature de toutes choses.
y entraient
deux fois. Or s'il est ainsy, que la ville soit tousiours une
chose mesme continuée, austant en doibt-on estimer d'une race et lignée, laquelle despend d'une
mesme souche, produisant ne sçay quelle force et
communication de qualitez, qui s'estend sur tous les
descendants. Car ce qui est engendré n'est pas comme ce qui est produict en estre par artifice, et est
incontinent separé de son ouvrier, d'austant qu'il

est faict par luy et non pas de luy : là où au contraire ce qui est engendré et faict de la substance
de celuy qui engendre, tellement qu'il emporte
avecques soy quelque chose de luy, qui à bon droict
est ou puny ou honnoré mesme en luy.

Et si ce n'estoit que l'on penseroit que je me
joüasse, et que je ne le disse pas à bon escient,
j'asseurerois volontiers que les Atheniens feirent
plus grand tort à la statue de Cassander quand ils
la fondirent, et semblablement les Syracusains au
corps de Dionysius, quand après sa mort ils le
feirent porter hors de leurs confins, que s'ils eussent
bien chastié leurs descendants ; car la statue de
Cassander ne tenoit rien de sa nature, et l'ame
de Dionysius avoit de long-temps abandonné son
corps : là où un Nysæus, un Apollocrates, un Anti-
pater et un Philippus, et pareillement tous austres
enfants d'hommes vicieux et meschants, retiennent la principale partie de leurs peres, et celle qui
ne demoure point oisifve sans rien faire, ains celle
dequoy ils vivent et se nourrissent, dequoy ils nego-
cient et discourent par raison, et ne doibt point
sembler estrange ny mal-aisé à croire, si estants yssus
d'eulx ils retiennent les qualitez et inclinations d'eulx.

En somme, dis-je, tout ainsy comme en la medecine, tout ce qui est utile est aussy juste et honneste, et se mocqueroit-on de celuy qui diroit que
ce feust injustice, quand une personne a mal en
la hanche, de luy cauteriser le poulce ; et là où le
foye est aposthumé, de scarifier le petit ventre ; et
là où les bœufs ont les ongles des pieds trop molles,

Une puni-
tion particu-
lière est sou-
vent excel-
lente pour
maintenir la
discipline gé-
nérale.

oindre les extresmitez de leurs cornes : austant me-
riteroit d'estre mocqué et reprins celuy qui estime-
roit qu'il y eust ès punitions austres choses de juste
que ce qui peust guarir et curer le vice : et qui se
courrouceroit si on applicquoit la medecine aux
uns pour servir de guarison aux austres, comme
font ceulx qui ouvrent la veine pour alleger le mal
des yeulx, celuy-là sembleroit ne veoir rien plus
oultre que son sens, et se soubviendroit mal qu'un
maistre d'eschole bien souvent, en fouëttant un de
ses escholiers, tient en office tous les austres ; et un
grand capitaine, en faisant mourir un souldard de
chasque dizaine, rameine tous les austres à la raison:
ainsy non-seulement à une partie par une austre
partie, mais à toute l'ame par une austre ame s'impriment certaines dispositions d'empirements ou
d'amendements, plus-tost que à un corps par un
austre corps, pource que là ès corps il est force
qu'il se face une mesme impression et mesme alte-
ration ; mais icy l'ame estant bien souvent meinée
par imagination à craindre ou à s'asseurer, s'en
trouve ou pis ou mieulx.

Comme je parlois encores, Olympicque m'inter-
rompant mon propos: *Par ces tiens propos*, dict-il,
*tu supposes un grand subject à discourir, c'est à
sçavoir, que l'ame demoure après la separation
du corps.* Ouy bien, dis-je, par cela mesme que
vous nous concedez maintenant, ou plus-tost que
vous nous avez cy-devant concedé: car nostre
discours a esté poursuivy dès le commencement
jusques à ce poinct, sur ceste presupposition, que

Dieu nous distribue à chascun selon que nous avons merité. *Et comment, dict-il, estimes-tu qu'il s'ensuive necessairement, si les dieux contemplent les choses humaines, et disposent de toutes çhoses icy-bas, que les ames en soyent du tout immortelles, ou qu'elles demourent longuement en estre après la mort ?* Non vrayement, dis-je, beau sire; mais Dieu est de si basse entremeise, et a si peu à faire, que combien que nous n'ayons rien de divin en nous, ne rien qui luy ressemble auscunement, ne qui soit ferme ne durable, ains que nous allions dessechants, fenants et perissants, ne plus ne moins que les feuilles des arbres, comme dict Homere, en peu de temps : neant-moins il faict ainsy *Iliad. liv.* 6. grand cas de nous, ne plus ne moins que les femmes qui nourrissent et entretiennent des jardins L'âme dans le corps de d'Adonis, comme l'on dict, dedans des fragiles pots l'homme, de terre, aussy faict-il lui nos ames de durée d'un comparée à une fleur jour, par maniere de dire, verdoyantes dedans une dans un pot chair mollastre, et non capable d'une forte racine de terre. devie, et qui puis après s'esteignent pour la moindre occasion du monde. Mais en laissant les austres dieux, si bon te semble, considere un peu le nostre, j'entends celuy qui est reclamé en ce lieu.

Si aussy-tost qu'il sçait que les ames sont desliées, ne plus ne moins que quelque fumée ou quelque brouillas qui exhale hors du corps, il ne faict pas incontinent offrir force oblations et sacrifices propitiatoires pour les trespassez; et si ne demande pas de grands honneurs et de grandes venerations à la memoire des morts, et si le faict pour nous abuser et decevoir, nous qui y adjoustons foy. Car quant à moy, je ne concederay jamais que l'ame perisse et ne demoure après la mort, si l'on ne vient emporter premierement le trepié propheticque de la Pythie, comme l'on dict que feit jadis Hercules, et du tout destruire l'oracle pour ne plus rendre de telles responses qu'il en a renduës jusques à nos temps, semblables à celles que jadis il donna à Corax le Naxien, à ce que l'on dict,

C'est une grande impiété de croire
Que l'ame soit mortelle ou transitoire.

Alors Patrocles : Et qui estoit, dict-il, ce Corax qui eut ceste response ? Car je n'ay rien entendu, ni de l'un ni de l'austre. Si avez bien, dis-je, mais j'en suis cause, ayant prins le surnom au lieu du propre nom. Car celui qui tua Archilochus en bataille, s'appelloit Callondes, et estoit surnommé *Corax*; lequel ayant esté la premiere fois rejecté par la prophetisse Pythie, comme meurtrier qui avait occis un personnage sacré aux Muses : et depuis, ayant usé de quelques requestes et prieres envers elle, avecques quelques raisons dont il pretendoit justifier son faict, à la fin il luy feut ordonné par l'oracle qu'il allast en la maison de Tettix, et que là il appaisast par oblations et sacrifices l'ame d'Archilochus. Or ceste maison de Tettix estoit la ville de Tenarus : car on dict que Tettix Candiot, estant jadis arrivé à ce promontoire de Tenarus avecques une flotte de vaisseaux, y bastit une ville

auprès du lieu où l'on avoit accoustumé de conjurer
et evocquer les ames des trespassez.

Semblablement aussy ayant esté respondu à
ceulx de Sparte qu'ils trouvassent moyen d'appai-
ser l'ame de Pausanias, ils envoyerent querir jusques
en Italie des sacrificateurs et des exorcisateurs
qui sçavoyent conjurer les ames, lesquels, avecques leurs sacrifices, chasserent son esprit hors du
temple. C'est doncques une mesme raison, dis-je,
qui confirme et prouve que le monde est regy
par la providence de Dieu ensemble, et que les
ames des hommes demourent encores après la
mort, et n'est pas possible que l'un subsiste si l'on
oste l'austre. Et s'il est ainsy que l'ame demoure
après la mort, il est plus vraysemblable et plus
equitable que lors les retributions de peine ou d'honneur luy soyent renduës : car durant tout le temps
qu'elle est en vie, elle combat ; et puis après,
quand elle a achevé tous ses combats, alors elle
reçoipt ce qu'elle a en sa vie mérité. Mais quant
aux honneurs ou punitions qu'elle reçoipt en
l'austre monde, estant seule et separée du corps,
cela ne nous touche de rien, à nous austres qui
sommes vivants ; car ou l'on n'en sçait rien, ou
on ne les croit pas : mais celles qui se font sur
les enfants et sur les descendants, d'austant
qu'elles sont apparentes et cogneuës de ceulx qui
sont en ce monde, elles retiennent et repriment
plusieurs meschants hommes d'executer leurs maulvaises volontez.

Au reste, qu'il soit vray qu'il n'y ayt point de

Sacrifica-
teurs et exor-
cisateurs ita-
liens.

Les puni-
tions con-
nues répri-
ment les mé-
chans.

plus ignominieuse punition, ne qui touche plus
les cœurs au vif, que de veoir ses descendants
et dependants affligez pour soy, et que l'ame d'un
meschant homme, ennemy des dieux et des loyx,
après sa mort, voyant non ses images et statuës, ou
austres honneurs abbattus, ains ses propres enfants, ses amys et parents ruinez et affligez de
grandes miseres et tribulations, et estants griefvement punis pour elle, ne voulust pas plus-tost
perdre tous les honneurs que l'on sçauroit faire à
Jupiter que de tourner à estre de rechef injuste ou
abandonné à luxure ; je vous en pourrois reciter
un conte qui me feut faict il n'y a pas fort long-
temps, si ce n'estoit que je craindrois qu'il ne
vous semblast que ce feust une fable controuvée
à plaisir : au moyen de quoy il vault mieulx que
je ne vous allegue que des raisons et arguments
fondez en verisimilitude. *Non pas cela*, dict
adoncques Olympicque ; *mais recites-nous le conte
que tu dis*. Et comme les austres aussy me requissent tous de mesme : Laissez-moy, dis-je, des-
duire premierement les raisons vraysemblables à
ce propos, et puis après, si bon vous semble,
je vous reciteray aussy le conte ; au moins si c'est
un conte. Car Bion dict que si Dieu punissoit les
enfants des meschants, il seroit austant digne de
mocquerie comme le medecin qui, pour la maladie du pere ou grand-pere, applicqueroit sa
medecine au fils ou à l'arriere-fils ; mais ceste comparaison fault, en ce que les choses sont en partie
semblables, et en partie aussy diverses et dissem-

blables ; car l'un estant medecinal ne guarit pas
la maladie et indisposition de l'austre , ny jamais
homme qui eust la fiebvre ou le mal des yeulx ,
n'en feut guary pour veoir user d'un onguent , ou
applicquer emplastre à un austre : mais au contraire
les punitions des meschants pour ceste occasion ,
se font publicquement devant tous , pource que
l'effect de justice administrée avecques raison est
de retenir les uns par le chastiment et punition
des autres. Mais ce en quoy la comparaison de
Bion se rapporte et conforme à la dispute pro-
posée , n'a pas esté entendu par luy ; car souvent est-il advenu qu'un homme tumbé en une
dangereuse maladie , et non pas pourtant incurable , par son intemperance puis après et dissolution , a tellement laissé aller son corps en
abandon , que finalement il en est mort : et que
puis après son fils , qui n'estait pas actuellement
surprins de la mesme maladie , ains seulement y
avoit quelque disposition , un bon medecin , ou
quelque sien amy , ou quelques maistres des
exercices , s'en estant apperçeu , ou bien un bon
maistre qui a eu soin de luy , l'a rengé à une maniere de diette austere , en luy ostant toute superfluité de viandes , toutes pastisseries , toutes yvron-
gneries , et toute accointance de femme ; et luy
faisant user souvent de medecines , et fortifier son
corps par continuation de labeur et d'exercices , a
dissipé et faict esvanouïr un petit commencement
d'une grande maladie , en ne luy permettant pas
de prendre plus grand accroissement.

Les pré-
cautions font
éviter bien
des maladies
auxquelles on
avait des dis-
positions.

N'est-il pas ainsy que nous admonestons ordinairement ceulx qui sont nez de pere ou mere
maladifs, de prendre bien guarde à eulx, et de ne
negliger pas leur disposition, ains de bonne heure
et dès le commencement tascher à chasser la
racine de celles maladies nées avecques eulx, qui
est facile à jecter dehors et à surmonter quand
on y pourvoit de bonne heure? Il n'est rien plus
vray, respondirent-ils tous. Nous ne faisons doncques pas chose impertinente, mais necessaire ;
ne sotte, mais utile, quand nous ordonnons aux
enfants de ceulx qui sont subjects au hault mal,
ou à la manie et alienation d'esprit, ou à la
goutte, des exercices du corps, des diettes et
regimes de vie, et des medecines, non pource
qu'ils soyent malades, mais de paour qu'ils ne le
soyent : car un corps né d'un austre maleficié, est
digne, non de punition auscune, mais de medecine
et d'estre soigneusement bien pansé ; laquelle dili-
gence et sollicitude, s'il se trouve auscun qui, par
lascheté ou delicatesse, appelle *punition*, d'austant qu'elle prive la personne de voluptez, ou
qu'elle lui donne quelque poincture de douleur ou
de peine, il le faut laisser là pour tel qu'il est ;
et s'il est expédient de prendre guarde et de mede-
ciner soigneusement un corps qui sera issu et
descendu d'un austre maleficié et guasté, sera-il
moins raisonnable d'aller au-devant d'une similitude de vice héréditaire, qui commence à germer
ès mœurs d'un jeune homme, et à poulser dehors,
ains attendre et le laisser croistre jusques à ce

que, se respandant par ses passions, il vienne à estre en veuë de tout le monde, comme dict le poëte Pindare :

Le fruict que son cœur insensé
A par-soy auroit propensé ?

Ne vous semble-il point qu'en cela Dieu, pour le moins, soit aussy sage comme le poëte Hesiode, qui nous admoneste et conseille :

Semer enfants guarde bien que tu n'ailles
En retournant des tristes funérailles,
Mais au retour des festins gracieux
Faicts en l'honneur des habitants des cieux.

Au poëme intitulé les OEuvres.

voulant conduire les hommes à engendrer des enfants lorsqu'ils sont guays, joyeux et desliberez : comme si la generation ne recepvoit pas l'impression de vice et de vertu seulement, ains aussy de joye et de tristesse, et de toutes austres qualitez.

Toutesfois, cela n'est pas œuvre de sapience humaine, comme pense Hesiode, de sentir et cognoistre les conformitez ou diversitez des natures des hommes descendants avecques leurs devanciers, jusques à ce qu'estant tumbez en quelques grandes forfaictures, leurs passions les descouvrent pour tels qu'ils sont. Car les petits des ours, des loups, des singes et de semblables animaulx, monstrent incontinent leur inclination naturelle dès leur jeunesse, d'autant qu'il n'y a rien qui les desguise ne qui les masque.

Les animaux naissent avec leurs inclinations à découvert.

L'homme cache ses inclinations naturelles.

Mais la nature de l'homme venant à se jecter en des accoustumances, en des opinions et en des loyx, couvre bien souvent ce qu'elle a de maulvais, imite et contrefaict ce qui est bon et honneste, tellement que ou elle efface et eschappe du tout la tare et macule de vice, qui estoit née avecques elle, ou bien elle la cache pour bien long-temps, se couvrant du voile de ruse et de finesse : de maniere que nous n'appercevons pas leur malice, jusques à ce que nous soyons atteincts comme d'un coup ou d'une morsure de chasque crime, encores à grande peine : ou pour mieulx dire, nous nous abusons, en ce que nous cuydons qu'ils soyent devenus injustes lors seulement qu'ils commettent injustice, ou dissolus quand ils font quelque insolence, et lasches de cœur quand ils s'enfuyent de la bataille, comme si quelqu'un avoit opinion que l'aiguillon du scorpion s'engendrast lors premier en luy quand il en picque, et le venin ès viperes quand elles mordent : qui seroit grande simplesse de le penser

Le méchant a en lui, dès le commencement, le vice et la malice imprimés.

ainsy. Car chasque meschant ne devient point tel alors qu'il apparoist, mais il a en soy dès le commencement le vice et la malice imprimez : mais il en use lorsqu'il en a le moyen, l'occasion et la puissance, comme le larron de desrobber, et le tyrannicque de forcer les loyx.

Mais Dieu, qui n'ignore point l'inclination et nature d'un chascun, comme celuy qui veoit et cognoist plus l'ame que le corps, ny n'attend point, ou que la violence vienne à main-mise,

ny l'impudance à la parole , ny l'intemperance à
abuser des parties naturelles , pour la punir , à
cause qu'il ne prend pas vengeance du meschant
pource qu'il en ayt reçeu auscun mal , ny ne se
courrouce point contre le briguand ravisseur pource qu'il ayt esté forcé ; ny ne hayt l'adultere pource qu'il luy ayt faict auscune injure : ains punit par
maniere de medecine celui qui est subject à commettre adultere , celuy qui est avaricieux , celuy
qui ne faict compte de transgresser les loyx ,
ostant bien souvent le vice ne plus ne moins que
le mal caduc , avant que l'accez en prenne.

Nous nous courroucions n'a gueres de ce que les
meschants estoyent trop tard et trop lentement punis , et maintenant nous trouvons maulvais de ce
que Dieu reprime et chastie la maulvaise disposition
et vicieuse inclination d'auscuns , avant qu'ils
ayent commencé à forfaire , ne considerant pas
que l'advenir bien souvent est pire et plus à re- L'avenir est
doubter que le present ; et ce qui est caché et cou- toujours plus
vert , que ce qui est apparent et descouvert : et ne à redouter
pouvants pas discourir et juger pourquoy il est que le pré-
meilleur d'en laisser auscuns en repos encores après sent.
qu'ils ont peché, et prevenir les austres avant qu'ils
puissent executer le mal qu'ils ont propensé , ne
plus ne moins que les medecines et drogues mede-
cinales ne conviennent pas à auscuns estants malades , et sont utiles à d'austres qui ne sont pas actuellement malades , ains sont en plus grand dangier que les austres.

Voylà pourquoy les dieux ne tournent pas sur On ne doit
punir dans

les enfants les les énfants toutes les faustes des parents; car s'il
défauts de advient qu'il naisse un bon enfant d'un maulvais
leurs pères, advient qu'il naisse un bon enfant d'un maulvais
que lor-s pere, comme par maniere de dire, un fils fort et
qu'ils en ont
eux-mêmes le robuste d'un pere maladif, celuy-là est exempt de
germe. la peine de la race, comme estant hors de la famille de vice, mais aussy le jeune homme qui se
conformera à la malice hereditaire de ses parents,
sera tenu à la punition de leur meschanceté, comme
au payement des debtes de la succession. Car An-
tigonus ne feut point puny pour les pechez de son
pere Demetrius, ny, entre les meschants, Phy-
leus pour Augeas, ny Nestor pour Neleus; car ils
estoyent bien yssus de meschants peres : mais
quant à eulx ils estoyent gents de bien. Mais tous
ceulx de qui la nature a aimé, reçeu et praticqué
ce qui venoit de la parenté, la justice divine a aussy
puny en eulx ce qu'il y avoit de similitude de vice
et de peché.

Car tout ainsy comme les verruës, porreaux,
seings et taches noires qui sont ès corps des peres,
ne comparoissants point ès corps des enfants, re-
commencent à sortir et apparoir puis après en leurs
fils et arriere-fils : et y eust une femme grecque
Enfant noir
mis au monde qui, ayant enfanté un enfant noir, et en estant
par une fem-
me blanche. appelée en justice, comme ayant conçeu c'est enfant de l'adultere d'un Maure, il se trouva que elle
estoit en la quatriesme ligne descendue d'un Æthio-
pien. Et comme ainsy feust que l'on tenoit pour
certain que Python le Nisibien estoit extraict de la
race et lignée des Semez, qui ont esté les premiers
seigneurs et fondateurs de Thebes, le dernier de

ses enfants , qui mourut il n'y a pas long-temps , avoit rapporté la figure de la lance en son corps , qui estoit la marque naturelle de celle lignée-là anciennement, estant après si long intervalle de temps ressourse et revenuë , comme du fond au-dessuz , celle similitude de race : aussy bien souvent les premieres generations , c'est-à-dire les premiers descendants , cachent, et par maniere de dire , enfondrent quelques passions ou conditions de l'ame qui sont affectées à une lignée ; mais puis après la nature les boute hors en quelques austres suivants , et représente ce qui est propre à chasque race , austant en la vertu comme au vice.

Les vices ou les défauts d'une génération sont souvent effacés par la suivante , et reparaissent ensuite dans la troisième.

Après que j'eus achevé ce propos , je me teu. Et Olympicque se print à rire , en disant : Nous ne loüons pas ton discours , affin que tu l'entendes , comme estant suffisamment prouvé par demonstration , de paour qu'il ne semble que nous ayons meis en oubly le conte que tu nous a promis de faire ; mais alors donnerons-nous notre sentence, quand nous l'aurons aussy entendu. Parquoy je recommençay à suyvre mon propos en ceste sorte : Thespesius , natif de la ville de Soli en Cilicie , familier et grand amy de Protogenes , qui a icy longuement esté avecques nous , ayant vescu les premiers ans de son aage en grande dissolution , en peu de temps perdit et despendit tout son bien , au moyen de quoy estant reduict ja par quelque temps à extresme necessité , il devint meschant , et se repentant de sa folle despense commença à chercher tous moyens de recou-

Thespesius fut de la plus grande dissolution dans sa jeunesse, sa vie et ses differens changemens.

vrer des biens : ne plus ne moins que font les luxurieux qui bien souvent ne font compte de leurs
femmes espousées, et ne les guardent pas cependant qu'ils les ont, puis quand ils les ont laissées,
ou qu'elles sont remariées à d'austres, ils les vont
solliciter pour tascher à les corrompre meschamment.

Ainsy n'espargnant voye du monde prouveu
qu'elle tournast à plaisir ou à prouffit pour luy, en
peu de temps il assembla non pas beaucoup de
biens, mais beaucoup de honte et d'infamie : mais
ce qui plus encores le diffama, feut une response
que l'on luy apporta de l'oracle d'Amphilochus, là
où il avoit envoyé demander s'il vivroit mieulx au
reste de sa vie qu'il n'avoit faict par le passé, et
l'oracle luy respondict, *qu'il seroit plus heureux*
quand il seroit mort. Ce qui luy advint en certaine
maniere bien-tost après ; car estant tumbé d'un
certain lieu hault la teste devant, sans qu'il y
eust rien d'entamé, du coup de la cheutte seulement il s'esvanouit, ne plus ne moins que s'il eust
esté mort ; et trois jours après, comme l'on estoit
à preparer ses funerailles, il se revint, et en peu de
jours s'estant remeis suz et retourné en son bon sens,
il feit un estrange et incroyable changement de sa
vie ; car tous ceulx de la Cilicie luy portent tesmoi-
gnage qu'ils ne cogneurent oncques homme de meilleure conscience en tous affaires et negoces qu'ils
eurent à desmesler ensemble, ne plus devot et
religieux envers les dieux, ne plus certain à ses
amys, ne plus fascheux à ses ennemys, de ma-

Homme dissolu qui change de conduite après être revenu d'une léthargie.

niere que ceulx qui l'avoyent de long-temps cogneu familierement, desiroyent fort sçavoir de
luy quelle avoit esté la cause de si grande et si
soubdaine mutation, estimants qu'un si grand
amendement de vie si dissoluë ne pouvoit pas
estre advenu fortuitement, comme il estoit veri-
table, ainsy que luy-mesme le raconta au sus-
dict Protogenes, et aux austres siens familiers
amys, gents de bien et d'honneur comme luy.

Car quand l'esprit feut hors de son corps, il se Effet que
trouva du commencement, ne plus ne moins que produit le re-
tour d'une lé-
feroit un pilote qui seroit jecté hors de son navire thargie.
au fond de la mer, tant il se trouva estonné de ce
changement, mais puis après s'estant releivé petit
à petit, il luy feut advis qu'il commença à respirer
entierement, et à reguarder tout à l'antour de
luy, l'ame s'estant ouverte comme un œil, et ne
voyoit rien de ce qu'il souloit veoir auparavant,
sinon des astres et estoilles de magnitude très-
grande, distantes l'une de l'austre infiniment,
jectants une lueur de couleur admirable et de
force et roideur grande ; tellement que l'ame
estant portée sur ceste lueur, comme sur un cha-
riot, doulcement et uniement, ainsi que sur une
mer calme, alloit soubdainement par-tout où Vision d'un
elle vouloit, et laissant à part grand nombre de homme en lé-
thargie.
choses qu'il avoit veuës, il disoit qu'il avoit veu
que les ames de ceulx qui mouroyent devenoyent Ames des
en petites bouteilles de feu, qui montoyent de bas morts vues en
petites bou-
en hault à travers l'air, lequel s'ouvroit devant teilles de feu
elles, et que petit à petit lesdictes bouteilles ve- errantes çà et
là dans l'air.

noyent à se rompre , et les ames en sortoyent
ayants forme et figure humaine ; au demourant
fort agiles et legeres , et se mouvoyent , non pas
toutes d'une mesme sorte , ains les unes saulte-
loyent d'une legereté merveilleuse , et jallissoyent
à droicte ligne contre-mont ; les austres tournoyent en rond comme des bobines ou fuseaux
ensemble , tantost contre-mont , tantost contre-
bas , de sorte que le mouvement estoit meslé et
confus , qui ne s'arrestoit qu'à grande peine et
après un bien long temps.

Or n'en cognoissoit-il point la plus-part , mais
en ayant apperçeu deux ou trois de sa cognoissance,
il s'efforçea de s'en approcher et parler à elles ;
mais elles ne l'entendoyent point , et si n'estoyent
point en leur bon sens , ains comme estourdies
et transportées , refuyoyent toute veuë et tout at-
touchement , errantes çà et là à par elles , du
commancement ; et puis en rencontrants d'austres
disposées tout de mesme , elles s'embrassoyent
et se conjoignoyent avecques elles , en se mou-
vant çà et là sans auscun jugement , et jectants
ne sçay quelles voix non articulées ne distinctes,
comme des cris meslez de plainctes et d'espouven-
tement : les austres parvenues en la plus haulte
extremité de l'air estoyent plaisantes et guayes à
veoir , et tant gracieuses et courtoises que souvent elles s'approchoyent les unes des austres
et se destournoyent au contraire de ces austres
tumultuantes , donnants à entendre qu'elles estoyent faschées quand elles se serroyent en elles-

mesmes , et quelles estoyent joyeuses et contentes quand elles s'estendoyent et s'eslargissoyent.

Entre lesquelles il dict qu'il en veit une d'un sien Conversation entre deux ames. parent , combien qu'il ne la cognoissoit pas bien certainement , d'austant qu'il estoit mort , luy estant encores en son enfance ; mais elle s'approchant de luy le salua en lui disant : *Dieu te guarde, Thespesien* ; de quoy luy s'esbahissant luy respondict qu'il n'estoit pas Thespesien , et qu'il s'appelloit Arideus : *Ouy bien* , dict–elle , *par cy devant* , *mais cy après tu seras appellé Thespesien, car tu n'es pas encores mort , mais par cette permission de la destinée tu es venu icy avecques la partie intelligente de ton ame , et quand au reste de ton ame, tu l'as laissé attaché comme un anchre à ton corps ; et affin que tu le sçaches dès maintenant pour cy après , prends guarde à ce que les ames des trespassez ne font point d'umbre , et ne cloënt et n'ouvrent point les yeulx.*

Thespesien ayant ouy ces paroles se recueillit encore davantages à discourir en soy–mesme , et reguardant çà et là autour de luy , apperçeut qu'il se leivoit quand et luy ne sçay quelle umbrageuse et obscure lineature ; mais que ces austres ames–là reluysoyent tout à l'entour d'elles , et estoyent par le dedans transparentes , non pas toutesfois toutes esgualement ; car les unes rendoyent une couleur unie et esguale par-tout comme faict la pleine lune quand elle est plus claire , et les austres avoyent comme des escailles ou cicatrices esparses çà et là par intervalles , et des austres qui estoyent merveilleusement hydeuses et estranges à veoir , mouchetées de taches noires , comme sont les peaux des serpents : les austres qui avoyent des legeres frisures et esgratigneures au visage.

Si disoit ce parent-là de Thespesien (car il n'y a point de dangier d'appeller les ames du nom qu'a-voyent les hommes en leur vivant) qu'Adrastia , fille de Jupiter et de Necessité , estoit constituée au plus hault , par dessuz tous , vengeresse de toute sorte de crimes et pechez , et que des malheu-reux et meschants il n'y en eut jamais un , ny grand ny petit , qui par ruse ou par force se peust onc-ques saulver d'estre puny. Mais une sorte de sup-plice et de peine convient à une geoliere et execu-trice (car il y en a trois), et une austre à une aus-tre , d'austant qu'il y en a une legere et soubdaine , qui se nomme Pœne , laquelle execute le chastie-ment de ceulx qui dès ceste vie sont punis en leur corps et par leur corps d'un certain doulx moyen , qui laisse aller impunies plusieurs faustes legeres , lesquelles meriteroyent bien quelque pe-tite purgation. Mais ceulx où il y a plus à faire , comme de guarir et curer un vice , Dieu les commet à punir après la mort à l'austre execu-trice , qui se nomme Dice.

Et ceulx qui sont de tout poinct incurables , Dice les ayant repoulsez , la troisième , et la plus cruelle des ministres et satellites de Adrastia , qui s'appelle Erinnys , court après et les persécute , fuyants et errants çà et là en grande misere et

Adrastia vengeresse de toutes sor-tes de crimes et péchés.

Deux pré-posés pour la punition des crimes , l'un pendant la vie , et l'au-tre après la mort.

Troisième préposé pour persécuter les scélérats.

grande douleur, jusques à tant qu'elle les attrappe et precipite en un abysme de tenebres indicible. Et quant à ces trois sortes de punitions, la première ressemble à celle dont on use entre quelques nations barbares; car en Perse ceulx qui sont punis par justice on prend leurs haults chappeaux pointus et leurs robbes, que l'on pelle poil après poil, et les fouëtte-t'on devant eulx, et eulx ayants les larmes aux yeulx crient et prient que l'on cesse : aussy les punitions qui se font en ceste vie par le moyen des corps ou des biens, n'atteignent point aigrement au vif, ny ne touchent, ny ne penetrent point jusques au vice mesme, ains sont la pluspart d'icelles imposées par opinion, et selon le jugement du sens naturel exterieur.

Mais s'il y en a quelqu'un qui arrive par deçà sans avoir esté puny et bien purgé par delà, Dice le prenant tout nud en son ame toute descouverte, n'ayant dequoy couvrir, ny cacher ou pallier et desguiser sa meschanceté, ains estant veu par-tout, de tous costez, et de tous, elle le monstre premierement à ses parents, gents de bien, s'ils ont d'adventure esté tels, comme il est abominable et indigne d'estre descendu d'eulx : et s'ils ont esté meschants, eulx et luy en sont de tant plus griefvement tourmentez en les voyant, et estant veu par eulx en son tourment, où il est puny et justicié bien long-temps, tant qu'un chascun de ses crimes et pechez soit effacé par douleurs et tourments, qui en aspreté et vehemence surpassent d'austant plus les corporels, que ce qui est au vrai est plus à

Peines de ce monde comparées à la punition des Perses.

certes que ce qui apparoist en songe, et les marques et cicatrices des pechez et des vices demourent aux uns plus, aux austres moins.

Et prends bien guarde, dict-il, aux diversitez
de couleurs de ces ames de toutes sortes ; car ceste
couleur noirastre, et sale c'est proprement la teinc-
ture d'avarice et de chicheté ; et celle rouge et
enflambée est celle de cruauté et de malignité : là
où il y a du bleu, c'est signe que de là a esté es-
curée l'intemperance et dissolution ès voluptez à
bien long temps et avecques grande peine, d'austant que c'est un maulvais vice ; le violet tirant sur
le livide procede d'envie.

Ne plus ne moins doncques que les seiches rendent
leur encre, aussy le vice par delà changeant l'ame
et le corps ensemble, produict diverses couleurs ;
mais au contraire par deçà, ceste diversité de couleurs est le signe de l'achevement de purification :
puis quand toutes ces teinctures-là sont bien effa-
cées et nettoyées du tout, alors l'ame devient de sa
naïfve couleur qui est celle de la lumière ; mais
tant que auscune de ces couleurs y demoure, il
y a tousiours quelque retour de passions, d'affections, qui leur apporte un eschauffement et un
battement de poulx, aux unes plus debiles, et qui
s'esteinct et passe plus-tost et plus facilement, aux
austres qui s'y prend à bon escient ; et d'icelles
ames les unes, après avoir esté chastiées par plusieurs et plusieurs fois, recouvrent à la fin leur
habitude et disposition telle qu'il appartient : les
austres sont telles que la vehemence de leur igno-

Marginal notes:

Le noir et le sale, couleur d'avarice et de chicheté.

Le rouge et enflambé, couleur de cruauté et malignité.

Le bleu, signe d'amendement.

Le violet procède d'envie.

Vices comparés aux differentes couleurs.

rance et l'appetit de volupté les transporte ès corps des animaux ; car la foiblesse de leur entendement, et la paresse de speculer et discourir par raison les faict incliner à la partie actifve d'engendrer, laquelle se sentant destituée de l'instrument luxurieux, desire coudre ses concupiscences avecques la jouyssance, et se sousleiver par le moyen du corps ; car par deçà il n'y a rien du tout, si ce n'est une umbre, et par maniere de dire un songe de volupté, laquelle ne vient point à perfection.

Luy ayant tenu ces propos, il le meina bien viste, mais par un espace infini, toutesfois à son ayse et doulcement, sur les rais de la lumière, ne plus ne moins que si c'eussent esté des aisles, jusques à ce qu'estant arrivé en une grande fondriere, tendant tousiours contre-bas, il se trouva lors destitué et delaissé de celle force qui l'avoit là conduict et ameiné, et voyoit que les austres ames se trouvoyent aussy tout de mesme ; car se resserrants comme font les oyseaux quand ils volent en bas, elles tournoyent tout à l'entour de ceste fondriere, mais elles n'osoyent entrer dedans ; et estoit la fondriere semblable aux speloncques de Bacchus, ainsy tapissée de feuillages de ramées et de toutes sortes de fleurs, et en sortoit une doulce et souëfve haleine, qui apportoit une fort plaisante odeur et temperature de l'air, telle comme le vin sent à ceulx qui ayment à le boire : de sorte que les ames, se repaissants et festoyants de ces bonnes odeurs, en estoyent toutes esjouyes et s'en-entre-caressoyent, tellement qn'à l'entour de ce creux-là,

tout en rond , il n'y avait que passe-temps , jeux et
risées , et chansons , comme de gents qui joüoyent
les uns avecques les austres , et se donnoyent
du plaisir tant qu'ils pouvoyent : si disoit , que par
là Bacchus estoit monté en la compagnie des dieux ,
et que depuis il y avoit conduict Semelé , et que le
lieu s'appelloit *le lieu de Lethé* , c'est-à-dire , d'ou-
bliance : et pourtant ne voulut-il pas que Thespesien , qui en avoit bien bonne envie , s'y arres-
tast ; ains l'en retira par force , luy donnant à entendre et luy enseignant que la raison et l'entendement se dissoult et se fond par ceste volupté , et
que la partie irraisonnable se ressentant du corps ,
en estant arrousée et acharnée , luy rameinoit la
memoire du corps , et de ceste soubvenance nais-
soit le desir et la cupidité qui la tiroit à generation ,
que l'on appelloit ainsy , c'est-à-dire , un consentement de l'ame aggravée et appesantie par trop
d'humidité.

Voyage d'u-
ne âme dans
les airs, dans
les enfers, *etc.*

Vision d'un
léthargique.

Parquoy ayant traversé une austre pareille car-
riere de chemin , il luy feut advis qu'il apperçeut
une grande couppe, dedans laquelle venoyent à se
verser des fleuves , l'un plus blanc que l'escume
de la mer ou que neige , et l'austre rouge comme
l'escarlate que l'on apperçoit en l'arc en ciel , et
d'austres qui de loing avoyent chascun leurs lus-
tres et teinctures differentes : mais quand ils en
approcherent de près , ceste couppe s'esvanoüït et
ces differentes couleurs des ruisseaux disparureut,
exceptée la couleur blanche ; et là veit trois de-
mons assis ensemble , en figure triangulaire , qui

mesloyent ces ruisseaux ensemble à certaines me-
sures. Or disoit ceste guide des ames, que Orpheus
avait penetré jusques-là quand il estoit venu après
sa femme, et qu'ayant mal retenu ce qu'il y avoit
veu, il avoit semé un propos faulx entre les hommes, c'est à sçavoir que l'oracle qui estoit en la
ville de Delphes, estoit commun à Apollo et à la
nuict : car Apollo n'a rien qui soit de commun
avecques la nuict, mais cest oracle-cy, dict-il, est
bien commun à la lune et à la nuict, toutesfois il
ne perce nulle part jusques à la terre, ny n'a auscun siege fiché ny certain, ains est par-tout vague
et errant parmy les hommes par songes et apparitions : c'est pourquoy les songes meslez, comme tu
veois, de tromperie et de verité, de diversité et de
simplicité, sont semez par tout le monde : mais
quant à l'oracle d'Appollo tu ne l'as point veu, ny
ne le pourrois veoir, pource que la terre sterile de
l'ame ne peust saillir, ny s'esleiver plus hault, ains
penche contre-bas, estant attachée au corps et
quant et quant il tascha, en m'approchant, de me
monstrer la lumiere et clarté du trepié à travers le
sein de la deesse Themis, laquelle, comme il disoit,
alloit percer au mont de Parnasse, et ayant grande
envie et faisant tout son effort pour la veoir, il ne
peust pour sa trop grande splendeur ; mais bien
ouyt-il en passant la voix haultaine d'une femme
qui en vers disoit entre austres choses le temps
de la mort de luy, et disoit ce dæmon que c'estoit
la voix de la Sibylle, laquelle tournoyant dedans la
face de la lune chantoit les choses à advenir, et

Songes mê-
lés de trom-
peries et de
vérités, com-
ment, et
pourquoi se-
més parmi le
monde.

I I

desirant en ouyr davantage , il feut repoulsé par
l'impetuosité du corps de la lune, et ainsy en ouyt-il
bien peu, comme l'accident du mont Vesuvien et
de la ville de Pozzol, qui debvoyent estre bruslez
de feu, et si y avoit une petite clause de l'empereur qui lors regnoit, qu'estant homme de bien, il
laisseroit son empire par maladie.

Après cela ils passerent oultre jusques à veoir
les peines et tourments de ceulx qui estoyent punis:
là où du commencement ils ne veirent que toutes
choses horribles et pitoyables à veoir : car Thespesien, qui ne se doubtoit de rien moins, y rencontra
plusieurs de ses amys, parents et familiers , qui y
estoyent tourmentez , lesquels souffrants des peines
et supplices douloureux et infames, se lamentoyent à
luy et l'appeloyent en criant; finalement il y veit son
propre pere sourdant d'un puits profond , tout plein
de playes et de picqueures, lui tendant les mains ,
et qui maulgré luy estoit contrainct de rompre le silence, et forcé par ceulx qui avoyent la superintendance desdites punitions, de confesser hault et clair
qu'il avoit esté meschant, meurtrier à l'endroict de
certains estrangiers qu'il avoit eu logez chez lui, et
sentant qu'ils avoyent de l'or et de l'argent, les avoit
faict mourir par poison , dequoy il n'auroit jamais
esté rien sçu par delà, mais par deçà en ayant esté
convaincu, il auroit desia payé partie de la peine et
le meinoit-on pour en souffrir le demourant.

Ame d'un fils qui rencontre celle de son pere dans les enfers.

Or n'osoit-il pas supplier ny interceder pour son
pere , tant il estoit estonné et effroyé , mais voulant
s'enfuyr et s'en retourner , il ne veit plus auprès

de luy ce gracieux sien et familier guide, qui
l'avoit conduict du commencement, ains en apper-
ceut d'austres hydeux et horribles à veoir, qui le
contraignoyent de passer oultre, comme estant necessaire qu'il traversast : si veit ceulx qui notoirement
à la veuë d'un chascun avoyent esté meschants, ou,
qui en ce monde en avoyent esté chastiez, estre
par de là moins douloureusement tourmentez,
non tant comme les autres, comme ayants esté
debiles et imparfaicts en la partie irraisonnable de
l'ame et subjects aux passions et concupiscences :
mais ceulx qui s'estants desguisez et revestus de
l'apparence et reputation de vertu au dehors,
avoyent vescu en meschanceté couverte et latente
au dedans, d'austres qui leur estoyent à l'entour les
contraignoyent de retourner au dehors ce qui estoit
au dedans, et se reboursant et renversant contre la
nature, ne plus ne moins que les scolopendres La scolo-
marines, quand elles ont avallé un hameçon, se pendre se retourne elle-
retournent elles-mêmes, et en escorchant les austres même, lors-
et les desployant, ils faisoyent veoir à descouvert qu'elle a avalé un hame-
comme ils avoyent esté viciez au dedans et pervers, çon.
ayants le vice en la partie raisonnable et principale
de l'homme.

Et dict avoir veu d'austres ames attachées et en- Punitions
trelacées les unes avecques les austres deux à deux différentes
des âmes après
ou trois à trois, ou plus, comme les serpents et leur mort.
vipères, qui s'entre-mangeoyent les unes les austres,
pour la rancune qu'elles avoyent les unes contre
les austres, et la soubvenance des pertes et injures
qu'elles avoyent receuës ou souffertes, et qu'il y

avoit des lacs suivants de rang les unes des austres,
l'un d'or tout bouïllant, l'austre de plomb, qui
estoit fort froid et l'austre fort aspre, de fer, et
qu'il y a des dæmons qui en ont la superintendance,
lesquels, ne plus ne moins que les fondeurs, y
plongeoyent ou en retiroyent les ames de ceulx qui
par avarice et cupiditez d'avoir, avoyent esté meschants. Car quand elles estoyent bien enflambées
et renduës transparentes à force d'estre bruslées
par le feu, dedans le lac d'or fondu, ils les plongeoyent dedans celuy de plomb, là où après qu'elles
estoyent gelées et renduës dures comme la gresle,
derechef ils les transportoyent dedans celuy de fer,
là où elles devenoyent hydeusement noires, et estant
rompues et brisées à cause de leur roideur et dureté, elles changeoyent de formes, puis derechef
ils les remettoyent dedans celuy de l'or, souffrants
des douleurs intolerables en ces diverses mutations.

Mais celles, dict-il, qui lui faisoyent plus de pitié
et qui plus miserablement que toutes les autres
estoyent tourmentées, c'estoyent celles qui pen-
soyent desià estre eschappées, et que l'on venoit
reprendre et remettre aux tourments, et estoyent
celles pour les pechez desquelles la punition estoit
tumbée sur leurs enfants ou austres descendants :
car quand quelqu'une des ames de ces descendants-
là les rencontroit ou leur estoit ameinée, elle s'at-
tachoit à elles en courroux, et crioit à l'encontre,
en monstrant les marques des tourments et douleurs qu'elle enduroit, en les leur reprochant, et
les austres taschoyent à s'enfuyr et à se cacher, mais

elles ne pouvoyent, car incontinent les bourreaux
couroyent après qui les rameinoyent au supplice,
criants et se lamentants, d'austant qu'elles pre-
voyoyent bien le tourment qu'il leur convenoit
endurer.

Oultre, disoit qu'il en veit quelques-unes, et
en bon nombre, attachées à leurs enfants, et ne
se laissants jamais, comme les abeilles, ou les
chauves-souris, murmurantes de courroux pour
la souhvenance des maulx qu'elles avoyent endu-
rez pour l'amour d'eulx. La derniere chose qu'il y
veit feut les ames qui s'en retournoyent en une
seconde vie, et qui estoyent tournées et transfor-
mées à force en d'austres animaulx de toutes sortes,
par ouvriers à ce deputez, qui avecques certains
outils et coups forgeoyent auscunes des parties,
et en tordoyent d'austres, en effaçoyent et ostoyent
du tout, affin qu'ils feussent sortables à austres vies
et austres mœurs : entre lesquelles il veit l'ame de
Neron, affligée desia bien griefvement d'ailleurs de
plusieurs austres maulx, et percée de part en part
avecques clous tous rouges de feu, et comme les
ouvriers la prinssent en main pour la transformer
en forme de vipere, là où, comme dict Pindare, le
petit devore sa mere, il dict que soubdainemeut il
s'alluma une grande lumiere, et que d'icelle lumiere il sortit une voix, laquelle commanda qu'ils
la transfigurassent en une austre espèce de beste
plus doulce, en forgeant un animal palustre, chantant à l'entour des lacs et des marais, car il a esté
puni des maulx qu'il a commeis : mais quelque

Métempsi-
cose, vision
de l'âme d'un
léthargique.

bien lui est aussy deu par les dieux, pour austant
que de ses subjects il a affranchy de tailles et tributs
le meilleur peuple et le plus aimé des dieux, qui
est celuy de la Grèce.

Jusques ici doncques il disoit avoir esté seulement spectateur, mais quand ce vint à s'en retourner, il feut en toutes les peines du monde pour
la paour qu'il eut : car il y eut une femme de face
et de grandeur admirable, qui luy dict : *Viens-çà*,
affin que tu ayes plus ferme memoire de tout ce que
tu as veu; et luy approcha une petite verge toute
rouge du feu, comme celle dont usent les peinctres,
mais un austre l'en enguarda, et lors il se sentit
soubdainement tiré, comme s'il eust esté soufflé par
un vent fort et violent dedans une sarbacane, tant
qu'il se retrouva dedans son corps, et estant revenu
et ressuscité de dedans le sepulchre mesme.

FIN.

EXTRAIT

DES OBSERVATIONS INSÉRÉES DANS LES ÉDITIONS D'AMYOT,

DE 1785 ET DE 1802,

ET AUXQUELLES M. DE MAISTRE RENVOIE.

———

(C'est par erreur que les renvois n'ont été indiqués que pour l'édition de 1785.)

Renvoi de la page 4 à la Note.

Il y a dans le texte, que les Messéniens furent défaits à la bataille de Cypre. M. Vauvilliers remarque avec raison qu'il ne pouvait être question de Cypre dans une guerre des Messéniens et des Lacédémoniens, c'est-à-dire de deux peuples habitant l'intérieur du Péloponèse. Il est inconcevable que cela n'ait pas arrêté Amyot. M. de Maistre a adopté la correction de Xilander, qui consiste à lire ταπρῳ, au lieu de κυπρῳ.

Renvoi de la page 74 à la Note.

Ce qui est dit dans cette note nous paraît bien suffisant. M. Clavier, dans l'édition de 1802, émet l'opinion adoptée ici par M. de Maistre, sans plus la justifier.

Renvoi de la page 87 à la Note.

La remarque à laquelle M. de Maistre renvoie n'appartient point à M. Vauvilliers, mais à M. Clavier, dernier éditeur. En voici un extrait :

Comme les commentateurs n'ont rien dit sur ce passage, dont l'explication tient à un usage des Romains assez peu connu, je crois devoir entrer dans quelques détails. On sait qu'ils faisaient servir à leurs amusemens les supplices mêmes des criminels, et que les voir déchirer par des bêtes féroces était un des plaisirs ordinaires des jeux du Cirque. Mais ceci fait allusion à un raffinement de barbarie dont on trouve quelques traces dans les anciens et que je ne puis qu'indiquer ici. Ils faisaient remplir, dans des pantomimes tragiques, par des criminels destinés à la mort, des rôles tels que celui d'Hercule sur le mont Œta; de Creüse, lorsque Médée la fit périr; de Prométhée sur le mont Caucase; et ils se donnaient le plaisir de voir ces événemens représentés avec une horrible vérité. Nous voyons dans Martial, *Spectaculorum libro*, ep. 7, un certain Lauréolus jouer le rôle de Prométhée, excepté qu'il était déchiré par un ours, au lieu de l'être par un vautour; ep. 11; un autre représenter Orphée déchiré par les Bacchantes, le rôle de ces dernières était joué par des ours. Tertullien dit à ce sujet dans son Apologétique, ch. 15 : « Vos dieux « mêmes sont souvent représentés par des criminels. » *Et ipsos deos vestros noxii sæpè induunt.* Il cite à ce sujet Athys, dieu de Pessinonte, mutilé sur le théâtre; Hercule qui brûle tout vivant, etc. M. Clavier croit, comme M. de Maistre, que c'est de quelque représentation pareille que parle Plutarque; et que ce sont ces robes que Juvénal entend désigner par les mots *tunica molesta*, sat. VIII, v. 235.

www.ingramcontent.com/pod-product-compliance
Lightning Source LLC
Chambersburg PA
CBHW072038080426
42733CB00010B/1932